동물이 말할 수 있다면

동물이 말할 수 있다면
장성익 지음
다른
농장동물부터 실험동물까지,
생태 감수성을 깨우는
매운맛 인터뷰

차례

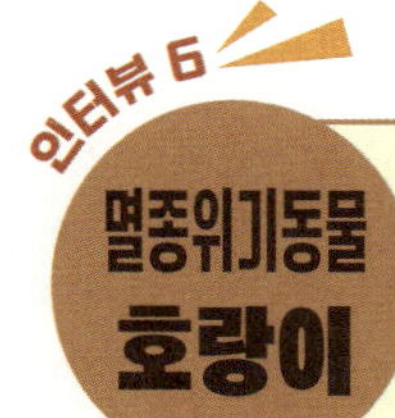

인터뷰 6
멸종위기동물
호랑이

"생물 다양성이 사라지면
인간도 멸종할지 몰라요"
142

왜 동물의 목소리를 들어야 할까

지난 2020년부터 2023년까지 우리 모두는 코로나19 팬데믹으로 큰 고통을 겪었습니다. 불과 몇 년 전의 일이기에 여러분도 아직 생생하게 기억할 것입니다. 그렇다면 이 재앙은 정말 바이러스가 일으킨 걸까요? 꼭 그렇지만은 않습니다. 바이러스가 인간을 일방적으로 공격했다기보다, 인간이 자연을 지나치게 파괴하고 침범한 결과로 코로나19 사태가 일어났다고 볼 수 있습니다. 무슨 말이냐고요?

최근 수백 년 동안 인류는 경제 성장과 산업화만을 목표로 쉼 없이 달려왔습니다. 들과 숲, 산과 강을 개발해 도시를 세우고, 공장과 건물을 짓고, 도로와 댐을 만들었습니다. 이 모든 선택은 인간의 편의를 위한 것이었습니다. 하지만 이곳들은 원래 인간이 아니라 야생동물의 삶터였습니다. 인간이 자연을 거칠게

밀어붙이면서 생태계의 균형은 무너졌습니다. 짧은 시간 동안
너무 빠르고 크게 이루어진 변화로 인해 수많은 생물의 터전이
파괴되고 오염되었습니다. 그 결과 동물들은 병들고 죽거나, 살
곳을 잃고 이리저리 쫓겨 다니다 끝내 벼랑 끝으로 내몰렸습니다.

코로나19라는 전염병은 원래 동물의 몸속에 있던 바이러스가
인간에게 옮겨 오면서 발생했습니다. 애초에 인간과 동물이
마주칠 일이 없다면 이런 전염병은 쉽게 생기지 않습니다. 하지만
인간과 동물 사이의 거리가 가까워지고 접촉이 잦아질수록
전염병은 더 쉽게 생겨나고 빠르게 퍼집니다.

문제는 이러한 상황을 만들어 낸 건 인간이라는 점입니다.
동물들이 살던 세계로 들어간 쪽이 인간이었기 때문입니다.
동물이 먼저 인간을 공격한 것이 아닙니다. 인간이 동물을 먼저,
그것도 대단히 일방적이고 폭력적으로 공격했습니다. 그렇기에
코로나19 사태는 인간이 자연과 동물에게 저지른 행동의 대가인
셈입니다. 사람들이 이 팬데믹을 '동물의 역습'이나 '자연의
반격'이라고 부르는 이유도 여기에 있습니다.

코로나19 팬데믹은 우리에게 중요한 질문을 던집니다. 인간은
자연, 그리고 동물과 어떤 관계를 맺으며 살아가야 할까요? 자연과
동물이 아프면 인간도 아프고, 자연과 동물이 병들면 인간 역시
병듭니다. 반대로 자연과 동물이 평화롭고 건강해야 인간도

행복할 수 있습니다. 갈수록 심각해지는 기후·생태 위기는 이러한 사실을 잊고서는 지구와 우리의 삶이 결코 안녕할 수 없다는 점을 분명히 보여 줍니다.

이 책에는 여섯 동물이 주인공으로 등장합니다. 인간이 고기로 먹는 소, 동물실험에 사용하는 쥐, 동물원에서 구경하는 돌고래, 집에서 함께 살아가는 개, 인공 기술로 복제되는 양, 멸종위기에 놓인 호랑이입니다. 이 동물들은 자신들이 놓인 처지를 이야기하며 인간이 저지른 잘못을 고발합니다. 동시에 인간을 향한 분노와 원망, 비판과 경고, 그리고 희망과 지혜의 메시지를 전합니다.

우리가 동물의 목소리에 귀를 기울여야 하는 이유는 간단합니다. 인간만이 이 세상의 주인은 아니기 때문입니다. 이 세상과 지금의 역사는 인간과 인간이 아닌 존재들이 함께 만들어 왔습니다. 인간이 스스로를 지나치게 믿고 독주한 결과가 바로 오늘날의 기후·생태 위기입니다.

이제 인간의 지배 속에서 고통받아 온 동물들의 목소리를 진지하게 들어야 할 때입니다. 그리고 그들과 연대해야 합니다. 현대 사회에서 수많은 동물의 운명은 인간의 선택에 달려 있습니다. 약자와 손을 맞잡을수록 우리는 더 나은 방향으로 나아갈 수 있습니다.

　우리는 모두 동물입니다. 인간 역시 자연의 일부입니다. 우리가 살아가는 땅은 동물의 땅이기도 하고, 우리가 들이마시는 공기와 마시는 물은 동물과 함께 나누는 것입니다. 인간과 동물, 자연은 생명이라는 하나의 끈으로 서로 연결되어 있습니다. 이 '연결됨'을 다시 깨닫고 되찾을 때, 인간과 인간 아닌 존재들이 조화롭게 공존하는 평화로운 미래가 열릴 수 있습니다.

　이 책에 등장하는 동물들은 저마다 다른 이야기를 들려주지만, 그들이 바라는 궁극적인 소망은 하나입니다. 이 책이 그런 미래를 여는 데 작은 도움이라도 될 수 있다면 그것만으로도 큰 기쁨일 것입니다.

농장동물

소

"그 고기는 동물 학대와
환경 파괴로 만들어졌어요"

소 한 마리가 트림과 방귀 등으로 1년 동안 배출하는 메탄가스의 양은 70~120킬로그램에 이른다. 메탄가스는 이산화탄소와 함께 기후위기를 일으키는 주범으로 꼽힌다. 전 세계 소의 수는 최대 15억 마리로, 소가 뿜어내는 메탄가스만 총 1억 500만~1억 8,000만 톤이다. 이는 전 세계 메탄가스 배출량의 4분의 1에 맞먹는 양이다.

소는 인간에게 친숙한 동물 가운데 하나입니다. 오랜 세월에 걸쳐 소는 우리에게 다양한 도움을 주었습니다.

지금은 기계로 농사를 짓지만 과거에는 사람과 동물의 힘으로 농사를 지었습니다. 특히 소는 소중하고도 충직한 일꾼이었죠. 커다란 쟁기를 끌면서 땅을 가는 고된 일을 담당했으니까요. 무거운 짐이나 사람들을 실은 수레를 곧잘 끌기도 했고요.

게다가 소는 살아 있을 땐 젖을, 죽어서는 고기와 가죽 등을 인간에게 내줍니다. 그래서 농촌에서는 흔히 소를 가장 아끼는 재산 1위로 꼽곤 했죠. 세계 곳곳에서 신성한 동물로 여겨 종교의식을 치를 때 희생 제물로 바치기도 했고요.

이랬던 소가 요즘은 어떻게 됐을까요? 한마디로 형편이 말이 아닙니다. 공장식 축산 시스템 아래에서 엄청난 고통을 받고 있기 때문이에요. 게다가 소는 오늘날 지구촌의 기후위기를 일으킨 주범으로 몰려 욕을 먹기도 합니다. 그래서 오늘 이 자리에

여러모로 분통 터지는 일이 많을 것 같은 소를 초대했습니다. 어서
오세요, 반갑습니다.

소　　툭하면 우리를 괴롭히는 인간들이 이제 와서 반갑다니,
　　　마음이 편치 않군요.

MC 인간　아이고, 그동안 가슴에 쌓인 게 많은 모양이네요.
　　　시작부터 거친 콧김을 내뿜으시는 걸 보니 인터뷰가
　　　쉽지 않겠는데요.

소　　소가 인간들 손에 길들여진 지 수천 년이 흘렀는데
　　　이제야 불러서 무슨 얘기를 듣겠다는 겁니까?

MC 인간　이렇게 커다란 몸을 이끌고 어려운 걸음 해주셨으니,
　　　속에 담아 두었던 이야기들을 시원하게 풀어 놓으시죠.
　　　우리 인간들에게 따끔한 경고를 해주셔도 좋고요.

소　　음… 그래요. 유쾌한 기분은 아니지만 기왕에 나왔으니
　　　그렇게 하죠.

MC 인간　먹기 위해 길러지는 동물을 '농장동물'이라고 한다고요?

소　　네. 농장동물에는 소를 비롯해 닭, 돼지, 오리 등이 있죠.

MC 인간　많은 농장동물이 공장식 축산으로 고통받는다고

들었습니다. 물건을 만드는 '공장'이란 말이 축산 앞에
붙은 이유는 뭔가요?

소　비좁은 우리에 가축을 빽빽하게 가둬 놓고 사육하면서
고기를 생산하는 방식이 마치 공장에서 물건을 찍어
내는 모습과 비슷하기 때문이죠. 그래서 공장식 축산의
핵심은 '밀집 사육'이라고 할 수 있습니다.

가축을 사육하는 방식이 공장처럼 자동화·기계화되어
있다는 점도 빠뜨릴 수 없고요. 기계 장치를 이용해
자동으로 사료를 주는 것은 물론이고, 사육장의
온도·습도·빛 등도 기계로 자동 조절하는 곳이 많죠.
수만 마리의 닭을 단 한 사람이 관리하는 놀라운 일이
벌어질 수 있는 것도 이런 방식 덕분입니다.

MC 인간　놀랍네요. 너무 비인간적인 거 아닌가요? 이런 시스템이
어쩌다 만들어진 거죠?

소　말 한 번 잘했습니다. 인간이 올바른 얘기를 할 때도
있다니, 뜻밖이군요. 소를 비롯해 우리 농장동물들이
고통스러운 나날을 보내야 하는 근본적인 이유가 바로
거기에 있죠.

중요한 건 인간들이 왜 그런 시스템을 만들어 냈는가
하는 점이에요. 듣자 하니 최소한의 비용으로 최대한

많은 고기를 얻기 위해서라고 하더군요.

MC 인간　한마디로 동물을 더 많은 돈을 벌기 위한 '도구'로만 보는
거네요.

소　바로 그겁니다. 오늘날 인간 사회의 경제를 떠받치는
기둥이 상품의 대량생산·대량소비 시스템이라는 얘기는
익히 들어서 잘 알고 있습니다. 이런 논리를 우리
동물에게 그대로 적용한 것이 공장식 축산인 셈이죠.
그런데 살아 있는 생명체인 동물을 한낱 상품으로
취급한다는 게 말이 됩니까?
공장식 축산 시스템 아래에서 우리는 끝도 없이 고기,
알, 우유, 가죽 등을 대량 생산하는 기계 같은 존재로
전락하고 말았어요. 오로지 인간의 욕구와 필요를 채워
주는 수단이 되고 말았다는 얘기입니다.

MC 인간　네, 무슨 얘기인지 잘 알겠습니다. 그런데 처음부터
인간을 너무 세게 공격하시는 거 아닌가요?

소　너무 세게 공격한다고요? 현실을 제대로 알기나 하고
하는 말입니까? 가축들이 인간들에게 얼마나 잔인하게
학대당하는지 눈으로 직접 본다면 그런 얘기는 할 수
없을 겁니다.

상품이 되기 위한 혹독한 과정

MC 인간　어이쿠, 화가 많이 나셨군요…. 그렇다면 가축들이 지금의 축산 시스템 아래에서 구체적으로 어떤 대우를 받는지 말씀해 주시겠습니까?

소　그럼 우리 소들 이야기부터 하죠. 먼저 인간에게 우유를 제공하는 젖소부터 말하겠습니다. 젖소는 자신의 의지와 상관없이 강제로 임신과 출산을 반복해야 합니다. 뱃속에 새끼를 갖고 낳아야 젖이 나오니까요. 그렇게 계속 우유를 생산하다가 짧게는 3살, 길어야 7살 정도면 도축장으로 보내져 죽음을 맞이합니다.

MC 인간　태어난 지 10년도 되지 않아 생을 마감하는 것이네요. 그렇다면 원래 소는 얼마나 살 수 있나요?

소　소의 자연수명은 20~25년 정도인데, 이렇게 일찍 생을 마치는 이유는 나이가 들수록 우유 생산량이 급격히 줄어들기 때문이에요. 인간의 입장에서 보면 '우유 생산 기계'로서의 쓸모, 다시 말해 상품 가치가 끝났다는 뜻이거든요.

그뿐만이 아닙니다. 인간은 우유를 최대한 많이 얻기 위해 젖소의 품종을 개량했습니다. 그 결과 젖소는

비정상적으로 많은 양의 우유를 늘 몸에 지닌 채
살아가야 합니다. 이 또한 여간 큰 고통이 아닐 수 없죠.

MC 인간 그동안 별생각 없이 우유를 마셨는데, 입에 우유가
들어오기까지 그런 무시무시한 일들이 벌어지는군요.
그렇다면 고기를 얻으려고 기르는 '고기소'는 어떤가요?

소 고기소는 대부분 비좁은 감금 시설에 갇혀 평생을
보냅니다. 도축되는 시기도 빨라요. 사료비를 아끼려는
경제적인 이유로 보통 2~3살, 길어야 4~5살 무렵에 생을
마감하게 돼요.
특히 고급 송아지 고기를 얻기 위해 사육되는
송아지들은 옴짝달싹 못 할 만큼 비좁고 어두운 공간에
갇혀 몇 달도 채 살지 못하고 도축되는 경우가 많습니다.
움직임이 적을수록 더 부드러운 고기를 얻을 수 있다는
이유로 말이죠.

MC 인간 제가 듣기로는 소보다 닭과 돼지가 더 심한 학대와
고통을 겪는다고 하던데, 그들 이야기도 들려주실 수
있나요?

소 닭과 돼지의 삶은 지옥과 다를 게 없어요. 우선 달걀을
낳는 닭을 일컫는 '산란계'부터 이야기하죠. 이 닭들은
몸을 뒤척이기도 힘든, 거의 A4용지 한 장 크기의

철창에 갇혀 지냅니다. 이런 닭장을 '배터리 케이지'라고
불러요. 병아리는 태어난 지 일주일쯤 되면 부리가
잘립니다. 극심한 스트레스 때문에 닭들이 서로를 쪼아
상처 입히는 걸 막기 위해서예요. 또, 달걀을 최대한
많이 낳도록 밤에도 인공조명을 환하게 밝혀 낮처럼
유지합니다. 잠도 제대로 못 자게 하는 거죠. 이게 고문이
아니면 뭐겠습니까?

MC 인간 A4용지 한 장 크기의 철창에 갇혀 잠도 잘 못 자며
평생을 지낸다니… 상상만 해도 정말 끔찍하네요.

소 하지만 그게 끝이 아니에요. 닭은 생후 1년쯤 지나면
'강제 털갈이'라는 과정을 겪게 돼요. 원래 닭은 털갈이를
하면 달걀을 덜 낳게 되는데, 사람들은 이 시기를
앞당기기 위해 일부러 사료를 주지 않습니다. 이렇게
굶기면 털갈이가 빨리 일어나고, 회복된 뒤에는 다시
달걀을 많이 낳게 되죠. 물론 이 과정에서 굶어 죽는 닭도
있어요. 인간들이 이런 잔인한 짓을 멈추지 않는 이유는
그만큼 이익이 크기 때문이에요.
자연 상태에서 닭은 보통 10~15년 정도 삽니다. 간혹
20년 넘게 사는 닭들도 있고요. 하지만 이런 지옥 같은
환경에서 사는 닭은 대부분 2년을 채 넘기지 못합니다.

그때쯤이면 달걀을 낳는 능력이 크게 떨어져 더는 '쓸모'가 없다는 이유로 도축되거든요. 본래 수명에 비하면 너무나 짧은 삶이지만, 어쩌면 역설적으로 닭에게는 다행인지도 모르겠네요. 그렇게라도 가혹한 생활을 끝낼 수 있으니….

MC 인간   네, 가슴을 찌르는 말씀이군요. 그럼 애초에 알을 낳지 못하는 '수평아리'는 어떻게 되나요?

소   말도 마세요. 수평아리는 쓸모가 없다는 이유로 태어나자마자 죽임을 당합니다. 그 과정이 얼마나 잔인한지, 차마 눈 뜨고 보기 힘들 정도예요. 의식과 감각이 또렷한 생명체를 그렇게 다뤄도 되는지, 할 말을 잃게 됩니다.

달걀을 낳는 임무를 마친 닭들도 마찬가지입니다. 대부분 비슷한 방식으로 죽이거나 동남아시아 등지로 싼값에 팔려가요.

MC 인간   제가 인간이라는 사실이 부끄러울 지경이네요. 그런데 고기로 먹는 닭을 말하는 '육계'는 훨씬 더 일찍 생을 마친다고 들었습니다만….

소   맞아요, 태어난 지 한 달 남짓 지나면 도축됩니다. 인간이 닭을 죽이는 시점은 사료를 가장 적게 먹이고도 많은

고기를 얻을 수 있을 때, 다시 말해 경제적 효율이 가장
높은 때예요. 그게 생후 한 달쯤 되는 시기입니다. 그때가
인간들이 그렇게 좋아하는 치킨용 닭이 딱 알맞게
자라는 시점이기도 하죠.

MC 인간 충격의 연속이군요. 이제 돼지 이야기로 넘어가
보겠습니다. 돼지들이 왜 자기 이야기는 빨리 안
나오느냐고 서운해할 것 같네요.

소 돼지들도 할 말이 많죠. 일단 닭 못지않게 혹독한
환경에서 살아갑니다. 대부분 콘크리트 바닥에 강철
구조물을 세워 만든 비좁은 축사에 갇혀 평생을 보내요.
그런 공간에서 돼지들은 스트레스로 서로의 꼬리를
물어뜯거나 싸움을 벌이기도 하는데, 인간들은 이를
막기 위해 꼬리와 이빨을 잘라 냅니다. 마취도 하지
않고요.

MC 인간 그런 환경에서 살아간다면 스트레스를 안 받을 수 없을
것 같네요. 정말 비참한 삶처럼 느껴집니다.

소 그렇죠. 아마도 가장 비참한 돼지는 '번식용 암퇘지'가
아닌가 싶습니다. 이들은 평생 최대한 많은 새끼를
낳는 '기계'로 취급돼요. 거의 생애 내내 임신과 출산을
반복하죠. 그 과정에서 겪는 고통은 말로 다할 수

없습니다.

MC 인간 어미 돼지를 가두는 공간을 '스톨'이라 부른다고
들었습니다.

소 맞아요. 스톨은 몸을 돌릴 수 없을 만큼 좁은 철제
감금 틀이에요. 인간이 이런 곳에서 평생 갇혀 산다면
틀림없이 미치고 말 겁니다. 돼지들도 마찬가지죠.
자연 상태라면 10~15년을 살 수 있지만, 현실은 너무나
잔혹합니다. 번식용 암퇘지는 3~4년 정도 강제 임신과
출산을 반복하다 도축되고, 수컷은 고기용으로 길러져
불과 6개월 만에 죽음을 맞거든요.
인간들은 돼지들이 빠른 시간 안에 살이 찌도록 품종을
개량하고 사료를 조정하기도 했어요. 여러분이 즐겨
먹는 삼겹살 한 점이 그런 잔혹한 과정을 거쳐 나온다는
걸 한 번쯤은 깊이 생각해 봐야 합니다.

MC 인간 어휴, 농장동물들이 학대당한다는 이야기는 들어
왔지만 솔직히 이렇게까지 심각할 줄은 몰랐습니다.
자료를 찾아보니 우리나라에서 식용 목적으로 도축되는
농장동물 수가 1년에 11억 5,000만 마리가 넘더군요.
국내 반려동물 수가 약 800만 마리라고 하니 140배가
넘는 숫자예요. 전 세계적으로 한 해에 800억 마리

이상이 도축된다고 하고요. 이 엄청난 숫자가 의미하는
바를 생각하면 마음이 무거워집니다. 그래서 말인데,
사람들에게 농장동물의 현실을 직접 보여 주는 일이
아주 중요하다는 생각이 듭니다.

고기이기 전에 살아 있는 생명

소　맞는 말입니다. 그런데 묻고 싶어요. 인간들은 고기를
먹으면서 그 고기가 살아 있던 동물에게서 왔다는
사실을 떠올릴 때가 있나요? 예를 들어 소고기를
먹으면서 푸른 들판을 자유롭게 거니는 소의 모습을
상상해 본 적이 있습니까? 아마 거의 없을 겁니다.
마트나 정육점에서 사는 고기는 부위별로 조각조각 잘려
있고, 뼈도 발라져서 비닐이나 용기에 포장되어 있죠.
그 순간 동물은 '살아 있는 생명'이 아니라 '식재료'로만
존재하게 됩니다. 두꺼운 삼겹살, 베이컨 한 조각, 기름진
스테이크로만 남는 거죠. 이런 식으로 동물은 완전히
상품화되어 버렸어요.
그 결과 인간과 동물 사이에는 아주 높은 벽이
생겼습니다. 이제 인간이 고기를 먹는 행위는 생명이

아니라 상품을 소비하는 일이 되었어요. 생명체로서
동물의 진짜 모습은 포장지 뒤에 감춰져 더는 보이지
않게 된 거죠.

MC 인간 네, 우리가 걸어온 길을 되돌아보게 되네요. 경제가
눈부시게 발전하고 도시가 커지는 동안 축산 농장은
도시 바깥으로 밀려났습니다. 도시에 사는 사람들에게
동물은 이제 함께 사는 반려동물이나 동물원에서 만나는
존재로만 남았죠.
그렇게 인간의 시야에서 사라진 동물들은 '자연'의
일부가 아니라 '산업'의 일부가 되었고, '농장'이 아닌
'공장'에서 살게 되었습니다. 결국 동물은 '생명'이
아닌 '상품'으로 완전히 바뀌어 버린 겁니다. 이것이
바로 오늘날의 공장식 축산 시스템이 자리 잡게 된
과정이에요.

소 문제는 상품은 곧 물건이라는 사실이에요. 물건은 쓰고
버리면 그만이죠. 수많은 인간이 우리 동물을 생명으로
보지 않고, 우리가 겪는 고통에 무뎌진 건 어쩌면 당연한
결과일지 모릅니다. 하지만 그렇다고 해서 이 현실을
계속 방치해도 된다는 뜻은 아니에요. 인간은 언제까지
이렇게 비정상적인 세상을 모른 척할 건가요? 너무

무책임하지 않나요?

MC 인간　인간이 무책임하다는 말은 부정할 수 없네요. 그래도 조금씩 변화의 움직임이 생기고 있습니다. 물론 동물의 입장에서 보면 여전히 턱없이 부족하겠지만요.

소　흠, 어디 한 번 들어 보죠.

MC 인간　유럽연합(EU)은 이미 2012년부터 닭을 배터리 케이지에 가두어 달걀을 생산하는 행위를 금지했어요. 돼지의 임신을 위해 사용되던 스톨도 2013년부터 금지됐고요. 태어난 지 8주가 지난 송아지를 막힌 개별 우리에서 키우는 일도 2007년부터 전면 금지됐습니다.
새로운 소식도 들려옵니다. 최근 유럽연합에서는 토끼, 어린 암탉, 메추라기, 오리, 거위 등을 우리 안에 가두지 못하도록 막는 법도 논의하고 있다고 해요.

소　좋은 소식이군요. 하지만 유럽에서도 이런 규정을 지키지 않는 나라가 많다고 들었습니다. 한국은 어떤가요?

MC 인간　안타깝게도 우리나라는 이런 흐름에 한참 뒤처져 있습니다. 사회 전반의 관심이 주로 반려동물에 쏠려 있어 농장동물의 권리나 복지 문제는 여전히 부족한 상태예요. 제도의 변화도 더디고요.

소   한국은 요즘 국제사회에서 선진국 대접을 받는다고
들었는데 이렇게 시대 흐름에 뒤처져서야 되겠습니까?
인도의 사상가 마하트마 간디가 이런 말을 남겼죠. "한
나라의 위대함과 도덕성을 그 나라가 동물을 어떻게
대하느냐에 달려 있다." 한국인뿐 아니라 모든 사람이
새겨들어야 할 말입니다.

소는 정말 '기후 악당'일까?

MC 인간   이제 주제를 바꿔 보죠. 오늘날 축산업은 지구 환경을
파괴하는 주요 원인 가운데 하나로 비판받고 있는데요….

소   안 그래도 그 얘기를 왜 안 하나 했습니다.

MC 인간   특히 기후위기가 심각해지면서 언론을 비롯한 적잖은
사람들이 소를 두고 '기후 악당'이라며 비난하더군요.
소가 방귀를 뀌거나 트림을 할 때 내뿜는 메탄가스가
기후위기를 일으키는 주요 원인 중 하나라는
이유에서요. 도대체 이건 어떻게 된 일입니까?

소   진짜 악당인 인간들이 우리를 악당이라고 부른다니요?
하하, 참 어이없네요. 그건 사실을 제대로 알지도 못한 채
떠드는 헛소리에 지나지 않아요.

MC 인간　헛소리라고요? 하지만 유엔 산하의 국제기구인 세계식량농업기구(FAO) 보고서에서도 분명히 밝혔습니다. 축산업에서 발생하는 온실가스 배출량이 전 세계 총 배출량의 14.5퍼센트에 달한다고요. 이건 자동차나 비행기 같은 모든 교통수단이 내뿜는 온실가스보다 많은 양이에요. 그리고 그중 절반가량이 소에게서 나온다고 하던데요. "소 한 마리가 자동차 한 대보다 더 많은 온실가스를 배출한다"는 말이 괜히 나온 건 아니겠죠.

소　허, 참나. 우리에게 그런 터무니없는 누명을 씌우다니 기가 막히는군요. 소가 기후 악당이라는 말은 하나만 알고 둘은 모르는 일종의 착시입니다. 이제부터 잘 들어 보세요. 핵심은 온실가스 배출량이 단순하지 않다는 데 있습니다.

온실가스 배출량에는 두 가지 개념이 있는데, 이걸 구분하지 않으면 진실이 왜곡돼요. 첫 번째는 '직접 배출량'이에요. 소가 트림을 하거나 방귀를 뀌면 메탄이 나오죠. 또 소의 분뇨에서는 아산화질소라는 온실가스가 나옵니다. 첫 번째 배출량은 이처럼 우리 소들의 몸에서 직접 나온 온실가스를 모두 합한 거예요.

MC 인간   방귀, 트림, 거기에 똥까지… 아, 아닙니다. 계속
말씀하세요.

소   두 번째 개념은 '간접 배출량' 또는 '전 과정
배출량'이라고 부릅니다. 그러니까 하나의 제품이
생산되기까지 거치는 모든 과정에서 나온 온실가스를
전부 합친 거예요. 소고기가 어떻게 생산되는지 생각해
보면 쉽게 이해할 수 있어요.

MC 인간   그럼 소고기의 생산 과정을 설명해 주시겠어요?

소   그러죠. 인간은 소를 키우기 위해 막대한 양의 사료용
작물을 재배합니다. 그런데 그 사료를 생산하기
위해 아마존 열대우림을 비롯해 세계 곳곳의 숲이
빠른 속도로 사라지고 있어요. 숲은 이산화탄소 같은
온실가스를 흡수해서 대기 중 온실가스를 줄여 주는
아주 중요한 역할을 하잖아요. 그러니 숲을 없애면
그만큼 온실가스가 늘어납니다.
거기서 끝이 아니에요. 옥수수 같은 사료 작물을
재배하려고 땅을 개간하고 농사를 짓는 과정에서도
트랙터나 농기계가 연료를 태우며 온실가스를 배출하고,
화학비료와 농약을 생산하고 뿌릴 때도 온실가스가
나옵니다. 작물을 수확하고 가공하며 사료를 농장으로

운송하고, 도축한 소를 가공해 제품으로 만들고, 그 제품을 시장으로 유통하는 과정에서도 어김없이 온실가스가 나옵니다. 이 모든 단계를 합친 게 바로 두 번째 배출량이에요. 다시 말해 전체 시스템에서 발생한 온실가스를 전부 묶어 계산한 거예요.

MC 인간 두 가지 배출량이 어떻게 다른지 잘 알겠습니다. 소의 온실가스 배출량을 계산할 때 두 번째 개념인 간접 배출량을 적용하면 첫 번째 개념인 직접 배출량을 적용할 때보다 훨씬 수치가 많이 나오겠군요.

소 당연히 그렇죠. 우리가 화를 내는 이유가 바로 그겁니다. 세계식량농업기구 보고서는 축산업에는 간접 배출량을 적용한 반면, 비교 대상으로 삼은 교통 분야에는 자동차 같은 교통수단을 운행할 때만 나오는 직접 배출량을 적용했거든요. 그러니 비교 기준이 애초에 잘못된 거죠.

MC 인간 만약 교통수단에도 축산업과 마찬가지로 간접 배출량을 적용한다면 어떻게 될까요?

소 생각해 보세요. 자동차를 생산하는 데 필요한 자원을 캐고, 공장에서 자동차를 만들고, 그 자동차를 곳곳으로 운송하고, 자동차 연료인 석유를 추출해 가공하는 등 수많은 단계에서 발생하는 온실가스를 모두 합쳐야 할 겁니다. 그러면 당연히 그 보고서에서 나온 것보다 훨씬 더 많은 양으로 계산되겠죠. 이제 소들이 왜 억울해하는지 이해가 되나요?

MC 인간 어이쿠, 잘 알겠습니다. 우리가 잘못 알고 있었네요. 이제 소에 대한 오해를 풀겠습니다.

소 한마디만 더 보태죠. 소가 배출하는 메탄이 이산화탄소보다 지구를 뜨겁게 만드는 온실효과가 수십 배나 더 강력하다는 말은 맞아요. 하지만 인간들이 펑펑 뿜어 대는 이산화탄소는 대기 중에 수백 년 동안이나 남아 있지만, 메탄은 길어도 10년 안에 사라집니다. 이런 점에서도 우리 소들을 기후위기의 주범으로 몰아가는 건 잘못된 일이에요.

공장식 축산이 일으킨 재앙

MC 인간 잘 알겠습니다. 하지만 어쨌든 지금의 축산업이 심각한 환경문제를 일으키고 있는 건 분명한 사실입니다. 물론 이건 동물의 책임이 아니에요. 문제의 뿌리는 환경 파괴와 동물 학대를 기반으로 굴러가는 공장식 축산 시스템이고, 이를 만든 건 전적으로 인간입니다. 오히려

동물은 피해자죠. 따라서 현대 축산업이 일으키는 환경문제를 살펴보고 해결책을 찾는 일은 그 시스템 아래에서 고통받는 동물을 위해서라도 꼭 필요한 일이라고 할 수 있습니다.

소 그렇죠, 맞는 말이에요. 그런 관점에서 볼 때 가장 심각한 문제는 기후위기라고 할 수 있어요. 좀 전에 소를 사육하고 고기를 생산하는 과정에서 발생하는 온실가스 배출 문제를 살펴봤습니다. 공장식 축산 시스템 아래에서는 이런 일이 전 지구 차원에서 어마어마한 규모로 벌어지고 있어요. 그 많은 숲이 가축 방목지나 사료용 곡물 생산지로 바뀌면서 가뭄과 산불이 더 자주, 더 큰 규모로 일어나고 있고요.

사실 망가지는 건 자연만이 아닙니다. 인간도 망가지고 있어요. 소가 인간을 걱정하는 게 우습게 들릴지도 모르지만, 오랫동안 숲에 기대어 살아온 세계 각지 토착 원주민들의 삶의 터전이 파괴되는 현실도 외면할 수 없습니다.

MC 인간 세계적으로 인구가 늘고 생활 수준이 높아지는 지금 추세가 이어진다면 2050년쯤에는 고기류 소비량이 지금보다 50퍼센트 더 늘어날 거라는 전망이 있더군요.

그만큼 기후위기는 더 심각해질 텐데, 걱정이 큽니다.

소 가축의 배설물도 큰 문제입니다. 주변의 땅과 물을
오염시키고, 나아가 농장이나 사육장에서 일하는 사람과
이웃의 건강도 해치니까요. 물 낭비도 심하고요.
숲이 파괴되면 여러 문제가 일어나기도 합니다. 먼저
수많은 동식물이 서식지를 잃고, 코로나19 같은
전염병이 일어날 위험도 커집니다. 숲이 '인간의 땅'으로
바뀔수록 야생동물과 인간이 접촉할 기회가 늘어나고,
그 결과 동물 몸속에 있던 바이러스가 인간에게 전파될
가능성이 높아지니까요.
사실 공장식 축산의 밀집 사육 자체가 전염병을 빠르게
퍼뜨리는 고속도로 역할을 합니다. 수많은 가축이
비좁은 공간에 따닥따닥 모여 있으니 여기서 한두
마리라도 전염병에 걸리면 삽시간에 전체로 퍼지지
않겠습니까?

MC 인간 이거 뭐, 문제가 끝도 없이 쏟아져 나오네요. 그런데
전염병 얘기를 듣다 보니 TV에서 봤던 살처분 장면이
떠오르는데…. 어우, 생각만 해도 소름이 끼칩니다.

소 그 문제도 정말 심각한데 깜빡하고 넘어갈 뻔했군요.
살처분이란 가축에게 전염병이 퍼지는 걸 막기 위해

일정 범위 안에 있는 가축을 모조리 죽이는 일을
말합니다.

그런데 이때 살처분 방법이 정말 참혹해요. 멀쩡히 살아
있는 수많은 동물을 그냥 땅속에 파묻어 버리거든요.
2014년부터 2023년까지 10년 동안 우리나라에서
살처분으로 생매장돼 죽은 가축이 무려 1억 1,000만
마리가 훌쩍 넘습니다. 인간은 도대체 어디까지
잔인해질 수 있는 건가요?

MC 인간 휴우, 할 말이 없네요. 실제로 살처분 작업에 참여한
많은 사람이 충격과 죄책감을 이기지 못해 우울증
같은 정신질환에 시달린다고 해요. 살처분이 전염병을
막는 데 효율적이라고는 해도 이젠 정말 다른 방법을
찾아야겠습니다.

소 당연히 그래야죠. 지금의 축산 시스템이 인간에게 내린
또 다른 벌도 있습니다. 바로 식량 부족이에요. 전 세계
농지의 4분의 1 이상이 가축 사료 생산에 쓰이고 있고,
세계에서 생산되는 곡물의 3분의 1, 잡거나 양식한
어류의 3분의 1이 가축 사료를 만드는 데 사용된다는
조사도 있어요.

이렇게 사람보다 가축이 먼저 먹어치우고 있으니 식량이

부족해지는 건 당연하지 않겠습니까? 늘 궁금합니다.
인간들은 왜 이런 축산업 구조를 그대로 유지하는
걸까요? 스스로를 만물의 영장이라 부르며 잘난 체하기
바쁘지만, 정작 수많은 식량을 생산하고도 굶주림
문제 하나 제대로 해결하지 못하고 있잖아요. 참으로
어리석은 존재가 아닌가요?

MC 인간 이런… 또 한 방 먹었네요. 자, 이제 인터뷰를 마칠
시간입니다. 마지막으로 하고 싶은 말씀이 있다면
해주시겠습니까?

소 동물은 물건도 아니고 상품도 아닙니다. 우리는 지금의
축산업이 강요하는 고통의 사슬에서 하루라도 빨리
벗어나고 싶어요. 이 마음은 돼지와 닭을 비롯한
농장동물 동료들도 마찬가지입니다.
한 번 더 강조하고 싶은 게 있어요. 다름 아닌 인간도
동물이라는 사실입니다. 따지고 보면 인간 역시
6,000종에 이를 것으로 추정되는 포유동물 중 하나일
뿐이죠. 그런데 그 많은 동물 가운데 다른 동물을 가두고
괴롭히고 필요 이상으로 죽이는 건 인간밖에 없습니다.
이제 인간이라는 동물과 인간이 아닌 동물은 같은
생명체로서 이 지구라는 한 공간에 함께 속한 '동료'라는

사실을 깨달아야 합니다. 동물이 빛나야 인간도
빛납니다. 동료 인간 여러분은 이 사실을 명심하세요.

MC 인간　귀한 말씀 고맙습니다. 인간을 대표해 마음 깊이
새겨듣겠습니다. 긴 시간 수고하셨습니다.

2021년 7월, 프랑스에서 '기후회복법'이라는 법이 통과됐어.
이 법에는 기후위기 극복을 위한 다양한 방안이 담겨 있어.
특히 눈에 띄는 건 채식 관련 규정이야. 이 법에 따라
프랑스에서는 2021년부터 유치원과 초·중·고등학교 급식에
매주 한 차례 이상 채식 메뉴를 의무적으로 제공하고 있어.
공공기관과 공기업, 병원, 군대, 교도소 등에서는 날마다 채식
메뉴를 제공하고 있고.

유럽에서 이런 움직임이 가장 먼저 시작된 나라는
포르투갈이야. 2015년부터 학교와 병원 등 모든 공공기관의
식당에서 하루에 하나 이상의 채식 메뉴를 제공하도록
의무화했어. 네덜란드의 하를렘이라는 도시에서는
공공장소에서 육류 광고를 금지하기까지 했어. 최근에는 육류
제품을 구매할 때 고깃세(육류세)라는 새로운 '환경세'를
부과하자는 목소리도 높아지고 있다고 해.

많은 사람이 고기를 먹는 것이 자연스럽고 반드시 필요하다는
오랜 고정관념에 익숙하지. 예를 들어, 우리나라 동물보호법은
식용으로 이용되는 동물을 보호하지 않아. 소 같은 가축이
농장이나 사육장에서 잔인하게 다뤄져도 축산물위생관리법

기준만 지켜진다면 법적으로 문제가 되지 않아. 동물을 단순히 물건으로 다루기 때문에 위생과 고기 상품의 품질 관리만 잘하면 된다는 얘기지. 또 "고기를 먹지 않으면 건강을 해친다"는 이야기도 흔히 듣잖아. 하지만 미국 영양협회는 "잘 짜인 채식 식단은 건강하고 영양학적으로 충분하며 질병 예방과 치료에 유익하다"라고 밝힌 바 있어.

그럼 어떻게 해야 할까? 너무 부담스럽게 생각할 필요 없어. 고기 섭취를 줄이는 것만으로도 충분히 의미 있는 실천이 될 수 있어. 고기 먹는 횟수나 양을 줄이는 일은 그렇게 어렵지 않을 거야. 일주일에 몇 번 정도는 채식 메뉴로 식사해 보면 어떨까? 육식을 줄이고 채식을 실천하는 것은 공장식 축산의 폐해를 줄일 뿐 아니라 굶주리는 사람들에 대한 연대와 책임을 보여 주는 행동이기도 해. 무엇보다 잔혹한 생명 학대와 살상을 줄이고, 인간과 동물의 관계를 되돌아보는 값진 계기가 될 수 있어. 음식을 바꾸는 것은, 내 삶은 물론 세상도 바꾸는 길이야.

실험동물 쥐

"과학 발전을 위해
동물이 꼭 희생되어야
하나요?"

전 세계적으로 매년 동물실험에 사용되는 동물 수는 2억 마리 정도로 추정된다. 최대 6억 마리에 이를 거라는 주장도 있다. 2024년 우리나라에서 실험에 사용된 동물은 459만여 마리에 달했다. 이는 중국, 일본, 미국에 이어 세계에서 네 번째로 많은 수치다. 사용되는 동물의 종류로는 마우스(생쥐), 래트(집쥐) 등 쥐류가 약 85퍼센트로 압도적인 비중을 차지한다.

쥐는 포유동물 가운데 인간 다음으로 개체 수가 많은 동물로
알려져 있습니다. 인간의 생활 공간과 가까운 곳에서 살며, 남극과
북극을 제외한 거의 모든 지역에서 찾아볼 수 있죠. 하지만
쥐를 좋아하는 사람은 별로 없는 것 같습니다. 좋아하기는커녕
대부분은 쥐를 잡아 없애야 할 더럽고 징그러운 존재로
여기는데요. 그 바탕에는 쥐가 사람 음식을 훔쳐 먹고 병이나
세균을 옮기는 해로운 동물이라는 인식이 깔려 있습니다. 사회
전체의 위생을 위해 쥐를 없애는 것이 국가가 해야 할 중요한 공중
보건 사업이라는 생각도 깊게 뿌리내려 있고요.
이렇게 미움받는 쥐는 사람들의 눈을 피해 어둡고 습한 지하
세계에서 살아갑니다. 하지만 오늘날 쥐가 가장 큰 수난을 겪는
곳은 다름 아닌 실험실입니다. 동물실험은 동물에게 끔찍한
고통을 주는 동물 학대나 다름없는데, 그중에서도 가장 많이
사용되는 실험동물이 바로 생쥐와 집쥐 같은 쥐류죠. 오늘은 쥐를

초대해 동물실험에 얽힌 이야기를 나눠 보겠습니다.

아파도 죽어도 상관없는 존재

MC 인간 어서 오세요. 오늘은 특별히 야외에서 인터뷰를
진행합니다. 좁고 폐쇄적인 실험실 같은 공간은 쥐에게
고통스러운 기억을 떠올리게 할 수 있어 사전 요청에
따라 장소를 바꿨습니다.

쥐 네, 실험실 같은 분위기에서는 정상적인 대화를 나누기
힘듭니다. 그곳에서 당한 끔찍한 고통이 떠오르거든요.
우리를 실험 대상으로만 여기던 인간에게 배려를 받다니
감격스러워서 몸 둘 바를 모르겠군요.

MC 인간 그렇게 비아냥거려도 할 말이 없습니다. 아무쪼록
편안한 마음으로 인터뷰에 응해 주시면 고맙겠습니다.
먼저 궁금한 것부터 물어볼게요. 하고많은 동물 가운데
왜 쥐가 실험에 가장 많이 사용되는 건가요?

쥐 몇 가지 이유가 있어요. 첫째, 쥐와 인간의 유전자가
80~99퍼센트 비슷하다고 알려져 있습니다. 분석
방법이나 강조되는 점에 따라 차이가 나겠지만요.
그래서 사람을 대상으로 한 연구에 적합하죠.

MC 인간 잠깐만요. 사람과 쥐의 유전자가 99퍼센트나 같다고요?
그게 정말인가요?

쥐 허, 참. 거짓말을 왜 하겠습니까? 인간이 멸시하는
동물과 비슷하다는 말에 기분 나쁘다고 해도
사실입니다. 나중에 전문가들한테 확인해 보세요.
둘째, 쥐는 대량으로 사용할 수 있습니다. 번식력이
뛰어난 데다 임신 기간이 짧아서죠. 암컷 쥐는 임신한
지 한 달도 안 돼서 보통 6~10마리의 새끼를 낳고, 며칠
뒤면 다시 임신할 수 있습니다. 쥐 한 쌍이 1년에 최대
1,250마리까지 번식할 수 있다고 알려져 있어요.
셋째, 쥐는 다루기 편하고 다른 동물들에 비해 비용도
적게 듭니다. 온순하고 몸집이 작아 관리하기 쉽기
때문이에요.

MC 인간 잘 알겠습니다. 그런데 동물실험을 그렇게 많이 하는
이유는 무엇인가요?

쥐 새로운 의약품, 의료용 기구, 치료법, 수술법, 화장품
등을 개발할 때는 사람에게 어떤 영향을 미치는지
반드시 확인해야 합니다. 효능과 안전성을 검증하는
것이죠. 예를 들어, 새로 발명한 약을 인간에게 바로
시험해 볼 수는 없잖아요? 안전하지 않으면 큰 문제가

생길 테니까요. 그래서 만만한 동물을 실험 대상으로
삼는 겁니다.

MC 인간 그렇다면 그 외에도 실험을 하는 경우가 있나요? 쥐 말고
또 어떤 동물이 실험에 쓰이는지도 궁금하네요.

쥐 의대와 수의대 등에서 해부나 외과 실습을 할 때,
가축에게 생기는 질병이나 동물의 장기이식 수술을
연구할 때, 심리학이나 정신질환 연구에도 동물실험이
활용됩니다. 실험동물로는 우리 쥐류가 가장 많이
사용되지만 조류와 어류도 꽤 많이 쓰이죠. 기니피그,
햄스터, 토끼, 개, 고양이, 돼지, 원숭이 등도 사용될 때가
있고요.

MC 인간 동물 입장에선 괴롭겠지만 인간들이 동물실험을
계속하는 이유는 그만큼 이득이 크기 때문이겠군요.

쥐 그렇죠. 처음에는 혈액 순환이 어떻게 이루어지는지,
허파가 어떤 역할을 하는지 같은 아주 기초적인 사실을
밝히는 수준이었습니다. 그런데 시간이 지나면서 의학
발전에 가장 크게 기여한 것이 결국 동물실험이라는
말까지 나오게 됐죠. 실제로 지금 인간이 사용하는
수많은 백신과 항생제, 치료제, 치료법 가운데 상당수가
동물실험 덕분에 개발될 수 있었어요.

게다가 19세기 중반에 동물 마취법이 도입되면서
동물실험이 폭발적으로 늘었고, 20세기 들어서는
대부분의 의약품 사전 안전 검사에 동물실험이 활용되기
시작했습니다. 그러다 보니 인간들은 자신의 건강을
위해 동물실험이 꼭 필요하다고 여기게 됐어요.

동물실험이라는 이름의 동물 학대

MC 인간 그렇긴 해도 요즘은 동물실험을 비판하는 목소리가
점점 더 커지고 있습니다. 아무리 인간에게 큰 도움이
됐다고 해도 그 뒤에 가려진 문제가 많아서일 텐데요,
동물실험에는 어떤 문제가 있나요?

쥐 두말할 필요 없이 가장 큰 문제는 동물 학대죠. 이
얘기를 하자면 슬퍼서 눈물범벅이 될 지경이지만 꾹
참아 볼게요. 먼저 말하고 싶은 건, 실험동물이 어떻게
태어나고 죽는가 하는 부분이에요. 한마디로 말해서
실험동물은 물건처럼 인위적으로 대량 생산됩니다.
자연이 만든 생명이 아니라 인간이 만들어 낸 존재라고
해도 지나치지 않죠.

MC 인간 좀 더 쉽게, 자세히 설명해 주세요.

| 쥐 | 실험 결과가 공식적으로 인정받으려면 실험을 여러 차례 반복해도 같은 결과가 나와야 하는데요. 문제는 동물실험이 살아 있는 생명을 대상으로 하다 보니, 유전적 차이나 건강 상태에 따라 결과가 달라질 수 있다는 것입니다. 바로 이 때문에 특정 조건에서 동일한 반응을 보이도록 유전적으로 거의 똑같은 동물들을 대량으로 만들어 내는 거예요. 실험 목적에 맞게 유전자를 변형하거나 조작하는 경우도 많죠. 그래서 장애나 기형을 안고 태어나는 실험동물이 적지 않습니다. |

MC 인간 비참한 탄생이네요. 그렇다면 죽음은 어떤가요?

쥐 죽음도 비참합니다. 비좁은 철망에 갇혀 각종 실험에 쓰이다가 실험이 끝나면 곧바로 안락사를 당해요. 인간 입장에서는 쓸모를 다했기 때문이죠. 실험동물의 99퍼센트 이상이 이렇게 최후를 맞습니다. 고통으로 얼룩진 삶이 허망하게 끝나는 겁니다.

MC 인간 가슴 아픈 얘기네요. 그런데 가장 고통스러운 순간은 역시 실험을 당할 때겠죠….

쥐 그렇습니다. 동물실험을 반대하는 목소리가 커지면서 어느 정도 나아지기는 했지만, 여전히 눈 뜨고 보기 힘들 정도로 잔혹한 실험이 많아요. 인간 여러분, 한번 상상해 보세요. 누군가 억지로 내 몸속에 암세포를 넣고 암이 어떻게 퍼지는지 관찰한다면 어떨까요? 머릿속에 전극을 심어 전기 충격을 가한다면 어떨까요? 몸속에 독성 물질이나 바이러스를 넣어 어떤 반응이 나타나는지 지켜본다거나 유전자를 멋대로 변형하고 조작해 새로운 형질을 만들려고 한다면 어떨까요? 고문과 다를 바 없는 이런 일들을 저지르는 것이 동물실험의 실체입니다.

MC 인간　이거 참 무슨 말을 해야 할지…. 잊고 싶은 기억을 떠올리게 할 것 같아 조심스럽지만 내친김에 묻겠습니다. 예전부터 악명 높았던 동물실험들이 있었다고 들었습니다. 혹시 소개해 주실 수 있을까요?

쥐　'드레이즈 테스트'와 해리 할로우 교수의 심리학 실험을 말하는 것 같네요. 그야말로 몸서리쳐지는 실험들이었죠.
드레이즈 테스트는 화장품 개발 과정에서 토끼를 대상으로 하는 눈 자극 실험을 말합니다. 먼저 토끼를 움직이지 못하게 틀에 고정한 뒤 토끼 눈에 실험 물질을 떨어뜨립니다. 토끼는 극심한 통증을 느끼지만 눈을 감을 수 없어요. 토끼는 원래 눈을 잘 깜빡이지 않고

049　　　　　　　　　　　　　　　　　　　　

눈물도 적어서 이런 실험에 '적당하다'고 여겨지는데요,
실제로 실험을 당한 토끼들은 눈이 심하게 망가지고
결국 시력을 잃기 일쑤였습니다.

토끼의 털을 깎아 낸 피부에 실험 물질을 바르는 피부
자극 실험도 있었어요. 이 실험을 겪은 토끼들은 피부에
염증이나 발진이 생기고, 심하면 조직이 파괴되기도
했죠. 불행 중 다행으로 지금은 이런 실험이 금지되고
있는 추세입니다.

MC 인간 듣기만 해도 소름 끼치네요. 그럼 또 다른 악명 높은
실험은 어떤 건가요?

쥐 1970년대 미국 위스콘신대학교 심리학과의 해리
할로우 교수가 진행한 실험입니다. 이 실험의 희생양은
원숭이였어요. 우울증 치료법을 연구한다는 명목으로
새끼 원숭이들을 작은 금속 우리에 길게는 1년 동안
가뒀어요.

'절망의 구덩이'라 불린 그 감금 장치 안에서 새끼
원숭이는 처음엔 빠져나오려 갖은 애를 썼지만, 시간이
지나면서 결코 탈출할 수 없다는 사실을 깨달았습니다.
결국 체념한 새끼 원숭이는 구석에 웅크리고 아무것도
하지 않는 상태로 지내게 되었죠. 나중에 문을 열어

줬지만 이미 절망과 무기력에 빠져 움직이지도, 놀지도
않았습니다. 실험에 동원된 새끼 원숭이 12마리 중
2마리는 음식 먹기를 거부하다 결국 굶어 죽었다고 해요.
살아남은 원숭이들도 사회성을 잃어 짝을 맺거나 새끼를
낳지 못했고요. 한마디로 원숭이들의 삶 자체가 철저히
파괴된 셈입니다.

MC 인간 인간들이 정말 해도 해도 너무했네요.

쥐 그 원숭이들이 얼마나 불쌍했는지 연구에 참여한 교수의
제자들조차도 감금 장치를 없애려 애썼다고 합니다.
이 실험을 다룬 논문도 처음에는 학회지에서 게재를
거부했다는 얘기가 있을 정도예요.

MC 인간 그렇지 않아도 알아보니 동물실험도 고통 정도에 따라
등급이 나뉘었어요. 가장 나쁜 등급의 실험은 동물에게
엄청난 고통을 주면서 마취제나 진통제를 쓰지 않는
극단적인 실험을 말합니다. 그런데 자료에 따르면
우리나라에서 이루어지는 동물실험 가운데 이런 실험이
절반 정도나 되더군요. 반면 미국과 유럽연합 나라들은
비율이 10퍼센트 정도였습니다.

쥐 그런데 이해하기 힘든 점이 있어요. 동물실험이
실제로는 그다지 유용하지도 않고 실효성이 크지도

않다는 겁니다. 다시 말해 동물실험 결과를 사람에게 그대로 적용할 수 있는 경우는 많지 않다는 얘기예요. 혹시 '탈리도마이드'라는 약 이름을 들어 봤나요?

MC 인간　네? 그게 뭐죠?

쥐　탈리도마이드는 1957년 독일에서 처음 나왔을 때는 진정 수면제로 쓰였어요. 그러다 나중에 임신 초기에 나타나는 구역질과 식욕 부진을 완화하는 데 효과가 있다는 이유로 임산부가 복용하게 되었죠. 당시 제약회사는 약의 부작용이 전혀 없다고 대대적으로 광고했어요. 개발 과정에서 동물실험을 통해 아무 문제없는 안전한 약임을 검증했다고 주장했죠. 그런데 이상한 일이 벌어지기 시작했습니다. 수많은 임산부가 이 약을 먹고 나서 기형아를 낳은 거예요. 팔다리가 없는 아기, 손발이 물갈퀴 같은 아기 들이 50여 개 나라에서 1만 2,000명 이상 태어났습니다. 조사 결과, 이런 비극을 낳은 범인이 탈리도마이드로 밝혀졌어요. 제약회사는 수십 년이나 지난 2012년에야 처음으로 피해자들에게 사과를 전했다고 하더군요.

MC 인간　정말 충격적인 사건이네요. 그때 태어난 아이들은 이후 어떻게 되었나요?

쥐　　기형아로 태어난 아이들은 대부분 일찍 죽었습니다.
살아남은 아이들도 후유증으로 평생 고통 속에서 살아야
했죠. 오늘날 이 사건은 '탈리도마이드의 비극'으로
불리며 역사상 최악의 의약품 사고로 꼽히고 있습니다.
동물실험의 결과를 얼마나 믿을 수 있는지 되돌아보게
하는 계기가 되었어요.

MC 인간　　그러니까 동물실험에서 안전하고 효능이 있다고 확인된
약이라도 사람에게 똑같이 적용될 거라는 보장은 없다는
얘기네요.

쥐　　바로 그거예요. 이제 인간들은 동물실험이 안고 있는
위험을 분명히 알아야 합니다. 따지고 보면 아주
상식적인 이야기입니다. 인간의 신체와 장기 기능이
다른 동물과 다르다는 건 두말할 필요도 없잖아요?
그래서 동물실험에는 근본적인 한계가 있을 수밖에
없습니다.
이런 한계가 있다는 사실을 실제로 뒷받침하는 연구
결과도 많아요. 예를 들어, 영국의 한 연구소에서는
동물실험 결과가 사람을 대상으로 한 임상시험에서도
그대로 나타날 확률이 5~25퍼센트 수준에 그친다고
밝혔고, 스위스의 한 대학 연구팀은 동물실험을 거친

신약 가운데 사람에게 사용해도 된다는 공식 승인을
받은 건 5퍼센트에 불과하다고 발표했죠.

이런 얘기를 들으면 분통이 터집니다. 인간 여러분,
이처럼 별 쓸모도 없는 실험을 한다고 수많은 동물을
잔인하게 고문하고 죽이는 게 과연 정당할까요?

동물실험 없는 세상을 향해

MC 인간   가슴이 뜨끔하네요. 사실 사람들 얘기를 들어 보면
실제로는 큰 도움이 되지 않는다는 걸 알면서도 단지
편리하고 예전부터 해왔기 때문에 그냥 습관적으로
동물실험을 하는 경우가 적지 않다고 하더군요. 그럼
중요한 건 개선 방법과 대안을 찾는 일일 텐데요, 이미
변화의 물결이 거세게 일고 있다면서요?

쥐   맞아요. 동물 학대를 둘러싼 윤리적 비판이 거세지고,
동물실험의 실제 효과에 대한 의문이 커지면서 전
세계적으로 동물실험이 빠르게 줄고 있습니다. 특히
화장품을 개발하기 위한 동물실험은 이미 세계적으로
금지하는 추세예요. 화장품은 질병 치료처럼 꼭
필요하거나 긴급한 것이 아니어서 이런 흐름에 탄력이

붙기 쉬웠습니다.

대표적으로 유럽연합은 2004년부터 화장품 완제품
단계에서의 동물실험을 금지했어요. 2009년에는 원재료
단계의 실험까지 금지했고, 2013년부터는 동물실험을
거친 화장품의 판매와 수입조차 전면 금지했습니다.
이런 움직임은 점차 널리 퍼져서 2023년 기준으로
유럽연합 27개 회원국을 포함해 전 세계 40개가 넘는
나라에서 화장품 동물실험이 금지되고 있습니다.

MC 인간 반가운 소식이네요. 우리나라 상황은 어떤가요?

쥐 한국도 동참하고 있습니다. 2017년부터 동물실험을
한 화장품의 유통과 판매를 금지했죠. 그런데 허점이
있긴 해요. 외국에 화장품을 수출할 때 수입국에서
동물실험을 거친 제품만 수입하겠다고 하면 예외적으로
동물실험을 할 수 있도록 허용하는 조항이 있거든요.
한국이 화장품을 가장 많이 수출하는 나라가 중국인데,
중국이 이런 요구를 하는 바람에 한국 업체들은 여전히
동물실험을 이어 갈 수밖에 없습니다.
중국도 변하고 있긴 해요. 2021년부터 샴푸, 로션, 향수,
립스틱 같은 일반 화장품에 대해선 동물실험을 요구하지
않고 있습니다. 염색약이나 선크림 같은 특수 화장품은

여전히 기존 방침을 유지하고 있지만요.

MC 인간 나라마다 사정이 다르겠지만 경제 논리를 앞세워 빠져나갈 구멍을 만드는 건 경계해야겠군요. 화장품 말고 다른 분야의 흐름은 어떤가요?

쥐 드레이즈 테스트처럼 잔혹하고, 동물이 겪는 고통에 견주어 인간이 얻는 이익이 적은 실험들은 세계적으로 폐지되고 있습니다. 특히 문제가 되는 건 영장류를 사용하는 실험이에요. 영장류는 사람과 유전적으로 가깝고 지능이 높아 감정을 잘 표현하죠. 실험을 하는 연구자들도 사람과 비슷한 반응을 보이는 영장류들을 보며 죄책감을 더 크게 느낀다고 합니다.

그래서 유럽과 미국 등지에서는 2015년부터 사람과 가장 가까운 유인원인 침팬지, 오랑우탄, 고릴라의 동물실험을 금지했습니다. 일부 국가에서는 동물실험 결과가 없어도 의약품 개발 허가를 내주기도 하고, 동물실험을 대체할 과학기술 개발 예산을 크게 늘리는 정책도 펼치고 있습니다.

고통 없는 세상 만들기

MC 인간 이야기를 듣다 보니 문득 학교에서는 어떻게 하고
있는지 궁금하네요.

쥐 학교에서도 변화가 나타나고 있습니다. 어린 학생들이
동물을 해부하거나 실험·실습하는 걸 금지하는 나라가
늘고 있어요. 한국에서도 2020년부터 동물실험에 대한
규제가 강화되면서 미성년자의 참여를 제한하려는
움직임이 나타나고 있고요.

MC 인간 이와 관련해 요즘은 '3R'이란 말을 모르면 동물실험
이야기를 하기 어렵다던데, 이건 뭔가요?

쥐 아, 그 얘기가 이제 나오는군요. 3R은 동물실험을
완전히 없애기 전까지 동물이 겪는 고통을
최소화하기 위해 지켜야 하는 3가지 원칙을
말합니다. '대체하기(Replacement)', '줄이기(Reduction)',
'개선하기(Refinement)'의 영문 머리글자를 딴 말이죠.
첫 번째, '대체하기'는 동물 대신 되도록 다른 방법을
쓰자는 거예요.
두 번째, '줄이기'는 꼭 써야 한다면 실험에 쓰는 동물
수를 최대한 줄여 필요한 만큼만 사용하자는 겁니다.

세 번째, '개선하기'는 실험 과정에서 동물이 느끼는
고통과 스트레스를 줄이자는 겁니다. 실험 전에
마취제나 진통제를 쓰고, 환경과 취급 방법을 동물
본성에 맞게 개선하는 일 등이 있죠. 실험동물이 사는 곳,
먹이, 번식, 운반, 취급 방법, 실험 절차와 방식 등 다양한
측면에서 동물복지를 강화하는 활동이 모두 여기에
포함됩니다.

3R 원칙은 오늘날 실험동물 복지를 위한 윤리적
기준으로, 세계적으로 널리 받아들여지고 있습니다.

MC 인간 3R을 지키는 데서 나아가 동물실험을 대체할 수 있는
새로운 기술과 방법을 개발하는 일이 중요하다는 생각이
듭니다. 그렇게 된다면 강제로 금지하는 방식보다 훨씬
효과적으로 동물실험을 줄일 수 있을 테니까요.

쥐 맞아요. 요즘 과학기술의 발달로 다양한 동물실험
대체 방안이 속속 개발되고 있습니다. 예를 들어
사람이나 동물의 세포를 배양해 실험하는 방법, 컴퓨터
시뮬레이션, 자기공명영상(MRI), 인공 피부와 인공
각막을 활용한 기술 등이 있죠.
최근에는 '오가노이드'라고 불리는 인공 장기도
만들어지고 있습니다. 오가노이드는 사람의 줄기세포로

만들기 때문에 실제 사람 장기의 구조와 기능을 비교적
그대로 나타낼 수 있어요. 그래서 오가노이드를 이용한
실험 결과는 사람을 대상으로 한 임상시험 결과와
비슷하게 나올 확률이 매우 높죠.

이와 비슷한 기술로 '바이오칩'이 있어요. 바이오칩은
전자회로 위에 특정 장기의 세포를 올려 실제 장기가
어떻게 작동하는지를 흉내 내는 기술입니다. 이런
기술들은 앞으로 새로운 약을 개발하거나 약의 안정성을
검사하는 데 널리 활용될 것으로 기대되고 있어요.

MC 인간 신기한 것들이 많네요. 이런 시도가 쌓이면 동물실험을
휠씬 빠르게 줄일 수 있겠습니다. 그런데 지금의 흐름이
가능했던 데에는 20세기 중후반부터 활발하게 펼쳐진
동물보호 운동과 동물권 운동의 영향도 컸겠죠. 이런
사회운동은 개인의 생각과 여론을 조금씩 바꾸고, 그
변화가 모여 제도와 정책을 움직이는 힘이 되니까요.

쥐 맞습니다. 세계 최초의 동물보호 운동도 실험동물을
보호하는 활동에서 비롯했다는 얘기가 많아요.
19세기만 해도 동물은 고통을 느끼지 않는다고 여겨서
마취제나 진통제 없이 동물 몸에 마구잡이로 실험을
했다고 합니다. 이런 현실을 보며 이를 비판하는

대중의 움직임이 생겨났고, 이것이 동물보호 운동으로
이어졌습니다.

MC 인간 그런 야만적인 동물 학대를 거리낌 없이 하게 만든
사회적 분위기에 큰 영향을 끼친 인물로 철학자 르네
데카르트를 꼽는 이야기도 있습니다. 혹시 아시나요?

쥐 아이고, 알다마다요. "나는 생각한다, 고로 존재한다"라는
말로 유명한 프랑스 철학자잖아요. 동물 이야기를 할
때면 빠짐없이 거론되는 인물이라 짚고 넘어가는 게
좋겠네요. 인간들은 그 사람을 근대 철학의 아버지라고
부르면서 존경하던데 동물 입장에서는 꼴도 보기 싫은
사람입니다.

데카르트는 동물을 '움직이는 기계', '자동 인형'에 지나지
않는다고 여겼어요. 고통이나 감정, 의식이 없는 하찮은
존재로 생각했죠. 이런 비뚤어진 관점은 많은 현대인이
동물 학대에 무감각해진 데에도 영향을 미쳤습니다.
동시에 그는 특별하고 우월한 존재인 인간만이 세상의
유일한 지배자가 되어야 한다는 터무니없는 말을 하기도
했죠.

MC 인간 한 번쯤 생각해 봐야 할 이야기네요. 이제 인터뷰를
마무리할 시간입니다. 마지막으로 인간이 새겨야 할

메시지가 있다면 말씀해 주세요.

쥐 지옥 같은 실험실에서 벗어나 이렇게 탁 트인

야외에서 하고 싶었던 이야기를 맘껏 털어놓으니 속이

시원하네요.

인간 여러분이 꼭 깨닫길 바랍니다. 동물실험은 오로지

인간의 이익을 위해 동물을 수단으로 삼는 행위라는

사실을 말이죠. 살아 있는 생명을 고문하고 죽이는

일은 인간에게도 커다란 수치예요. 약자를 함부로

대하고 괴롭히는 행위는 인간성을 파괴하는 일이나

다름없으니까요.

동물실험이 줄어든다는 것은 그만큼 세상의 고통과

잔인함이 줄어든다는 뜻입니다. 세상은 그만큼 더 밝고

따뜻해질 거예요. 동료 인간 여러분도 이 길에 성실히

동참해 주시길 바랍니다.

MC 인간 감동적인 말씀이네요. 긴 시간 수고 많으셨고, 오늘 좋은

애기 들려주셔서 감사합니다.

동물실험 반대에서 비롯한 동물보호 운동은 오늘날 '동물권' 운동으로까지 발전했어. 동물권이란 말 그대로 동물이 마땅히 누려야 할 권리를 뜻해. 이 관점에서 동물은 인간이 베푸는 '은혜'를 기다리는 수동적인 존재가 아니라 어엿한 권리를 지닌 주체야.

동물권 논의의 핵심 인물로는 오스트레일리아의 철학자 피터 싱어와 미국의 철학자 톰 리건이 있어. 피터 싱어는 《동물해방》이라는 책에서 동물 역시 인간처럼 고통을 느끼는 존재이기 때문에 인간과 동일한 도덕적 기준을 적용해야 한다고 주장했어. 그는 정당한 이유 없이 동물의 고통을 인간의 고통보다 가볍게 여기는 태도를 '종 차별주의'라고 비판했지.

톰 리건은 동물을 인간과 다를 바 없는 '삶의 주체'로 봤어. 그는 동물도 의식과 감정, 욕구, 생존하려는 마음을 지니며, 스스로 원하는 방식으로 살기를 바라는 존재라고 설명했지. 그는 동물이 사람처럼 '본래적(내재적) 가치'를 지닌다고 보았어. 이는 누군가에게 쓸모 있어서가 아니라 존재만으로 의미 있는 가치를 뜻해. 따라서 동물은 단순한 수단이 아니라 권리의 주체로 대해야 한다는 거야.

　동물권 운동이 발전하면서 최근에는 한 나라의 최고법인 헌법에서 동물권을 명시하는 경우도 늘고 있어. 스위스는 1992년 '동물의 존엄성'을 헌법에 넣었고, 독일은 2002년 헌법에 '동물보호'를 국가의 책임으로 규정했어. 에콰도르는 2008년 헌법에서 '자연의 생명체가 생존하고 번식하고 진화할 권리가 있다'고 선언했지.

　포유동물을 넘어 그동안 상대적으로 소외되었던 물고기, 문어, 바닷가재 같은 동물이 겪는 고통까지 줄이려는 정책을 펼치는 나라들도 등장하고 있어. 예를 들어 노르웨이는 양식 물고기를 죽이기 전에 전기 충격으로 기절시키도록 하고 있어. 또 스위스, 오스트리아, 뉴질랜드 등에서는 바닷가재를 산 채로 끓는 물에 넣어 요리하는 것이 불법이라고 해.

　이렇듯 권리의 범위는 계속 넓어지고 있어. 이제는 동물뿐만 아니라 강이나 토양 같은 자연 자체에 '자연의 권리'를 보장해야 한다는 주장까지 등장했지. 역사적으로 인간은 권리의 대상을 조금씩 넓혀 왔고, 그 변화는 지금도 이어지고 있는 셈이야.

전시동물 돌고래

"아무리 잘 꾸며 놔도
동물원은 감옥이에요"

우리나라 동물원에서 살아가는 동물은 약 4만 9,000마리에 이른다. 전 세계적으로 동물원과 수족관 관람객은 해마다 7억 명이 넘는다. 우리나라 국민이 한 해 동안 동물원을 방문하는 횟수는 평균 2.1회다. 그러나 동물들의 생활환경이 열악해 국내 동물원에서 죽은 동물 가운데 자연사 비율은 23퍼센트에 그치며 나머지는 질병이나 사고 등으로 죽는다.

동물원에서 동물 공연을 본 적 있는 사람은 많을 겁니다.
그중에서도 특히 익숙한 동물이 있죠. 바로 오늘의 초대 손님인
돌고래입니다.

여러분은 돌고래에 대해 얼마나 알고 있나요? 야생 돌고래는
자연수명이 족히 40년은 되며, 하루에 100킬로미터 이상을
이동하고 수심 500미터 아래까지 잠수하는 것으로 알려져
있습니다. 매우 영리할 뿐 아니라 자의식, 공감 능력, 모성애가
뛰어나죠. 적게는 수십 마리에서 많게는 100여 마리까지 무리를
이루어 사회생활을 하는 동물이기도 하고요.

이런 돌고래를 수족관에 가둬 두면 심각한 문제가 생길 수밖에
없습니다. 실제로 수족관에 갇혀 지내며 동물 공연에 동원되는
돌고래의 생존 기간은 자연수명의 절반에서 3분의 1 정도에
불과하죠. 돌고래가 있어야 할 곳은 좁디좁은 인공 수조가 아니라
드넓은 야생의 바다가 아닐까요?

우리는 돌고래 공연을 보며 즐거움을 느끼지만 돌고래 입장에서는
참기 힘든 고통입니다. 수족관이나 동물원에 갇혀 있는 동물을
'전시동물'이라 부릅니다. 오늘은 돌고래와 함께 전시동물에 관한
이야기를 나눠 보겠습니다. 자, 어서 나오세요.

동물원의 동물은 행복할까?

MC 인간　물살을 가르며 신나게 바다를 헤엄치다가 이렇게 좁은
곳에 있으려니 불편하고 답답하시겠습니다.

돌고래　네, 그렇습니다만 중요한 인터뷰를 해야 하니 어쩔
수 없죠. 평생 수족관이나 동물원이라는 감옥에 갇혀
고생하는 동료들을 생각하면 이 정도 불편함이나
답답함은 별거 아닙니다.

MC 인간　오, 인터뷰에 임하는 성실한 자세가 돋보이는군요.
우리나라에서는 2013년, 동물원 수조에 살며 공연에
동원되던 돌고래들이 많은 사람의 노력에 힘입어 고향인
제주도 앞바다로 풀려난 적이 있습니다. 갇혀 있던
돌고래를 야생으로 돌려보내는 일은 세계적으로도 매우
드문 사례라 당시 큰 화제가 됐죠. 이 돌고래들 이야기는
아시겠죠?

돌고래　　그럼요, 잘 알다마다요. 동족에게 일어난 기쁜 일을 왜
　　　　모르겠습니까.

MC 인간　그래서 묻고 싶은 게 있는데요. 당시 적잖은 사람이
　　　　걱정했습니다. 오랫동안 동물원 수조에 갇혀 살다가
　　　　바다로 나간 돌고래들이 과연 야생 환경에 제대로
　　　　적응할 수 있을지 말이죠. 이 돌고래들이 무사한지 그
　　　　이후 소식이 궁금합니다.

돌고래　　그런 걱정은 제주 앞바다에 던져 놓으세요. 당시 약
　　　　2년의 시차를 두고 돌고래 두세 마리씩 모두 일곱 친구가
　　　　바다로 돌아갔는데, 120마리 정도 되는 동료 무리와
　　　　어울리며 대부분 건강하게 잘 지내고 있습니다. 야생
　　　　생활을 한 지 10년 가까이 지났는데도 말이죠. 그중 암컷
　　　　세 마리는 새끼도 낳았습니다. 한 친구는 죽은 것으로
　　　　확인됐는데, 자연사한 것으로 추정된다고 하더군요.

MC 인간　그 돌고래들이 동물원 수조에 계속 있었다면 틀림없이
　　　　병에 걸리거나 극심한 스트레스를 이기지 못해 일찌감치
　　　　죽었을지도 모르겠네요. 새삼 동물원이 어떤 곳인지
　　　　제대로 알아야겠다는 생각이 듭니다.

돌고래　　그런 얘기를 들으니 반갑네요. 동물원이 무엇이며,
　　　　그곳에 사는 동물들의 처지는 어떠한지 진지하게 관심을

069　　　　　　　　　　　　　　　　

갖는 사람은 많지 않더군요. 인간에게 동물원은 그저 놀이 공간일 뿐이죠. 하지만 동물원에는 인간과 다를 바 없는 생명체가 살고 있어요. 그 사실을 잊어서는 안 됩니다.

MC 인간 맞습니다. 많은 사람이 놓치거나 가볍게 여기는 지점이 바로 그거예요.

  그래서 먼저 짚고 넘어가고 싶은 것이 있습니다. 바로 생명의 본성에 반하는 동물원의 본질이에요. 동물원을 규정하는 중요한 요소는 두 가지, 즉 감금과 전시입니다. 동물원은 야생에서 살아가야 할 동물들을 가둔 채 사람들에게 구경거리이자 오락거리로 보여 주는 공간이니까요.

MC 인간 그런 동물원에서 동물들은 어떻게 생활하고 있나요?

  본래 살던 자연에서 잡혀 와 평생을 우리에 갇혀 살아야 하니 할 수 있는 일은 거의 없습니다. 그저 먹고 누워 빈둥거리거나 그것도 지겨워지면 가끔 이리저리 돌아다니는 정도예요. 야생에서 동물은 다양한 활동을 하며 활기차게 살아갑니다. 먹이를 구하러 다니고, 사냥하고, 짝을 찾고, 둥지나 굴을 짓고, 의사소통하고, 친구를 사귀고, 놀고 자며 하루하루를 보내죠. 동물들은 이런 본성에 따른 활동을 하지 못하면 권태, 스트레스, 공포, 절망을 느낄 수밖에 없어요. 그 결과 깊은 무기력과 우울감에 빠지게 됩니다. 대다수 동물원 동물이 '정형행동'을 보이는 이유가 바로 여기에 있습니다.

MC 인간　정형행동? 그게 뭔가요?

돌고래　인간 여러분도 자주 봤을 겁니다. 우리 안을 계속 빙빙 돌거나 같은 자리를 맴돌고, 일정한 구간을 왔다 갔다 하거나 머리나 몸을 흔드는 행동 등이 정형행동의 대표적 모습이에요. 정형행동이란 극심한 스트레스를 견디지 못해 특별한 목적이나 의미 없이 동일한 행동을 반복적으로 보이는 비정상적 행동을 말합니다. 이런 걸 보면 인간이든 동물이든 본성에 맞는 환경에서 본래 삶의 방식대로 살아야 건강하고 행복할 수 있다는 사실을 알 수 있어요.

MC 인간　네, 저도 동물원에서 정형행동을 하는 동물을 여러 번 본 기억이 납니다. 별생각 없이 지나쳤는데 이야기를 듣고 보니 참 가슴 아프군요. 그런데 동물원 동물 중에서도 타고나길 활동 범위가 넓거나 무리를 이루어 사회생활을 하는 동물들은 훨씬 더 괴롭겠어요.

돌고래　당연하죠. 동물도 엄연한 생명체인 만큼 제대로 살아가려면 적절한 규모의 공간이 필요합니다.
자유롭게 뛰고, 기어오르고, 날고, 헤엄칠 수 있어야
하니까요. 무리 생활을 하는 동물도 매우 많습니다. 우리
돌고래뿐만 아니라 코끼리, 사자, 늑대, 유인원 등이
그렇죠. 초식동물 중에도 무리 생활을 하는 종류가 적지
않아요. 이런 동물들은 동료들과 맺는 사회적 관계와
다양한 활동을 통해 단순한 생존을 넘어 더 행복하고
풍요로운 삶을 누립니다. 그러나 동물원에서는 이런
생활이 거의 원천적으로 차단되니 얼마나 힘들겠습니까.

MC 인간 우리 인간도 사회적 동물인데 우리에게 동물원 동물과
같은 방식으로 살라고 하면 어떨까요? 생각만 해도
끔찍하다며 모두가 몸서리칠 것 같네요.

돌고래 바로 그겁니다. 인간들은 자기들이 괴로운 건 못
참으면서 같은 생명체인 우리 동물이 괴로운 건 왜 모른
척하나요?

MC 인간 아이코, 할 말이 없군요.

돌고래 동물원 동물이 겪는 고통은 그것만이 아니에요. 몹시
춥거나 더운 지역에서 온 동물들은 기후가 맞지 않아
얼마나 괴롭겠습니까. 야행성 동물이 낮에도 불려 나와
사람들에게 구경거리가 되는 건 또 어떻고요. 가끔

동물이 동물원을 탈출하거나 사육사를 공격하는 일이
벌어지는 이유를 알겠죠?

돈벌이에서 시작된 동물원의 역사

MC 인간　네, 잘 알겠습니다. 그런데 동물원은 언제 어떻게
생겨났나요?

돌고래　중요한 질문입니다. 동물원의 역사를 살펴보면
동물원을 더 깊이 이해할 수 있으니까요. 지금 같은
형태의 동물원은 18세기 중후반 무렵에 등장했습니다.
하지만 수천 년 전 고대 이집트와 중국 등지의 왕국에도
동물원이라고 부를 만한 곳이 있었다고 해요. 그 당시
왕들은 먼 나라에서 잡아 온 진기한 야생동물들을
왕궁의 뒤뜰 같은 공간에 가두어 두고 보는 것을 즐겼죠.

MC 인간　동물원의 역사는 시작부터 어째 좀 삐딱한 느낌이
드네요.

돌고래　그런 느낌이 들죠? 사실 애초 동물원은 왕족이나
귀족들이 권력과 부, 사회적 지위를 과시하려고
먼 나라의 희귀한 동물들을 수집해 전시하는 데서
비롯했습니다. 이 동물들은 극소수 특권층이 자신의

부를 드러내기 위해 소유한 재산이자 오락 도구였던
셈이죠.

오늘날의 근대식 동물원은 이런 특권층의 동물원을
일반 사람에게 개방하면서 등장합니다. 최초의 근대식
동물원으로 꼽히는 곳은 1752년에 세워진 오스트리아
빈의 쇤브룬동물원이에요. 이후 18세기 후반과 19세기를
거치며 동물원은 점차 늘어났고, 20세기 초반에
이르면 유럽을 넘어 세계 곳곳에서 유행처럼 생겨나기
시작했습니다.

동물원의 일종이라 할 수 있는 수족관은 18세기
후반에서 19세기 초반 사이에 처음 생겨났어요.
사람들은 자기 나라에선 볼 수 없는 코끼리, 사자,
호랑이, 표범, 들소, 기린, 하마, 코뿔소, 낙타 같은
이국적인 동물에 열광했습니다. 그러면서 동물원은
사람들의 일상 속 휴식과 오락 공간으로 자리 잡게
되었죠.

MC 인간 그런데 관련 자료를 보다 보면 '하겐베크'라는 이름이
자주 등장하던데, 이 사람은 누군가요?

돌고래 아, 현대 동물원의 모델을 만든 인물로 유명한 카를
하겐베크 말이군요. 그 사람은 원래 동물 장사꾼이었는데,

사업으로 큰돈을 번 뒤 1907년 독일 함부르크에 자기 이름을 딴 하겐베크동물원을 세웠습니다. 이 동물원이 유명한 이유는 동물원 역사를 바꿔 놓는 큰 변화의 기폭제가 됐기 때문입니다. 그는 기존 동물원의 울타리와 쇠창살을 최대한 없애고 자연 서식지와 비슷한 환경을 조성했어요. 관람객에게는 잘 보이지 않는 깊은 구덩이를 파고 그 안에 물을 채워 동물의 탈출을 막는 방식이었는데, 이 방식이 큰 인기를 끌면서 이후 대부분의 동물원이 따라 하게 됐다고 합니다.

MC 인간　하겐베크는 동물을 꽤 사랑하는 사람이었나 보군요.

돌고래　아뇨, 전혀 아닙니다. 그는 돈벌이에 밝은 사업가였을 뿐이에요. 그가 동물원을 자연 서식지와 비슷한 환경으로 만든 이유도 동물을 배려해서가 아닙니다. 더 많은 관람객을 끌어들여 더 큰 경제적 이익을 얻기 위해서였죠. 그는 사람들이 쇠창살 같은 가림막을 불편해한다는 걸 사업가의 감각으로 정확히 꿰뚫었던 겁니다. 그의 이름에 드리워진 추악한 그늘을 절대 잊어서는 안 돼요.

MC 인간　이야기가 흥미진진해지는데요. 추악한 그늘이라니, 그게 뭔가요?

돌고래 동물원에서 사람도 전시했다는 얘기를 들어 봤나요?

MC 인간 사람을 전시했다고요? 정말인가요?

돌고래 하겐베크동물원이 했던 일 가운데 하나가 바로 인간
전시입니다. 세계 곳곳의 토착 원주민들을 끌고 온 것은
물론, 그들의 살림살이와 사냥 도구까지 모조리 옮겨
와 유럽 사람들에게 색다른 구경거리로 보여 줬죠.
원주민이 거의 벌거벗은 채 사냥하고, 춤추고, 노래하고,
종교의식을 치르는 모습은 당시 유럽 사회에서 선풍적인
인기를 끌었습니다. 물론 이런 일을 벌인 가장 큰 목적
역시 돈벌이였어요.

MC 인간 충격적인 이야기네요.

돌고래 더 충격적인 사실은 인간 전시가 하겐베크동물원에서
끝나지 않았다는 점입니다. 유럽과 미국 등지의
수많은 동물원으로 유행처럼 퍼져 나갔어요. 전시
대상은 하겐베크동물원과 마찬가지로 아프리카를
비롯한 세계 각지에서 강제로 데려온 흑인과 토착
원주민들이었습니다. 당시 서양에서 이들은 이색적인
볼거리이자 신기한 오락 도구에 지나지 않았습니다.
서구인들은 이들을 짐승과 다를 바 없는 미개한 존재라
조롱하며 자신들의 우월함을 과시하는 수단으로 삼았죠.

전시된 사람들은 그렇게 학대당하다 죽어 갔고, 죽은
뒤에는 공동묘지에 아무렇게나 버려졌다고 해요.

MC 인간 어휴, 스스로 인간이라는 사실이 부끄러워집니다.

돌고래 더 들어 보세요. 이런 일이 계속되다 결국 미국 뉴욕의 한
동물원에서 비극적인 사건이 벌어졌습니다. 그 동물원에
전시됐던 오타 벵가라는 아프리카 피그미족 출신 흑인이
풀려난 뒤에 권총으로 스스로 목숨을 끊은 겁니다.
그는 동물원에서 원숭이 우리에 갇혀 원숭이들과 함께
지내고 잠도 같은 공간에서 자야 했어요. 이런 모욕과
수치, 분노와 절망이 그의 삶을 완전히 무너뜨린 거죠.
인간 전시는 1930년대에 들어서며 대부분 사라졌지만,
마지막 '인간 동물원'은 무려 1958년까지 벨기에에 남아
있었다고 합니다.

MC 인간 참담한 마음입니다. 사람조차 이런 취급을 받았다면
동물은 얼마나 잔혹하게 다뤘을지 알 만하네요.

돌고래 그렇습니다. 특히 동물을 잡아 오는 과정에서 학살을
일삼았죠. 이런 식이었어요. 다 자란 어른 동물은
사로잡기도 힘들고 옮기기도 어려워요. 큰 동물일수록
잡히는 과정에서 격렬하게 저항하기도 하고요. 그래서
동물원의 동물 사냥꾼들은 대개 어른 동물은 떼로

죽이고 새끼만 잡아들였습니다. 새끼 코끼리나 코뿔소
몇 마리 생포하겠다고 80~90마리에 이르는 무리 전체를
모조리 죽이는 일도 벌어졌죠.

MC 인간 애기를 듣다 보니 동물원의 역사가 '제국주의'의
역사와 많이 겹친다는 느낌이 듭니다. 여기서 말하는
제국주의란 18~19세기를 거쳐 20세기 초반까지 서구의
강대국들이 아시아와 아프리카, 라틴아메리카 등을
침략해 식민지로 삼고, 그 지역의 자원과 사람들을
수탈하고 착취했던 시대를 뜻합니다.

돌고래 맞아요. 동물원이 빠르게 퍼져 나가던 시기는 서구
제국주의가 맹렬히 확장되던 때와 거의 정확하게
일치합니다. 전시된 동물들은 제국주의 강대국이
식민지에서 약탈해 온 전리품이자 힘과 영광을 과시하기
위한 '기념품'이었어요.

사실 한국에 처음 등장한 동물원도 일본 제국주의자들이
만들었습니다. 일본이 한국을 침략해 식민 지배를
시작하던 시기인 1909년, 지금의 서울 창경궁 자리에
만들어진 '창경원'이 한국 최초의 동물원이에요. 물론
지금은 없어졌고 한동안 시민들이 즐겨 찾는 유원지로
쓰이기도 했지만, 일본이 한국의 궁궐을 망가뜨리고

동물원을 만든 것이니 한국으로서는 치욕스러운
역사라고 할 수 있습니다.

동물을 배려하는 동물원, 생추어리

MC 인간 이제 다른 주제로 넘어가서 조금 밝은 이야기를
해보겠습니다. 요즘 동물원이 과거에 견주어 크게
바뀌고 있는 것으로 아는데, 구체적으로 어떤 변화가
이루어지고 있나요?

돌고래 최근 들어 동물의 본성을 배려하는 움직임이 여러
곳에서 나타나고 있습니다. 예를 들어 미국의
샌프란시스코동물원은 야생에서 다친 채 구조된 동물을
데려와 보호하는 곳으로 유명합니다. 이곳에서는
동물을 괴롭히지 않도록 동물 체험을 독특한 방식으로
진행하는데요. 살아 있는 거북을 만지는 대신에 죽은
거북의 등딱지를 만지게 하거나, 양을 만지게 하는 대신
수북한 양털을 만지게 하는 식이죠.
프랑스의 파리동물원은 쇠창살로 만든 우리를 거의
없앴습니다. 그 덕분에 동물의 생활 공간이 상당히 넓고
몸을 숨길 장소도 많습니다. 더군다나 이곳은 동물원의

인기 동물인 코끼리와 곰을 처음부터 들이지 않았어요.
이들은 활동 영역이 매우 넓어 동물원에 가장 어울리지
않는 동물로 꼽히기 때문이에요. 현재 영국, 캐나다,
미국 등 여러 동물원에서도 같은 이유로 아예 들이지
않고 있죠. 가장 흔하게 나타나는 변화는 야생 서식지의
환경을 최대한 그대로 재현하려는 움직임입니다.

MC 인간 동물원의 미래에 희망을 품게 하는 반가운
소식들이네요.

돌고래 동물원에 있던 동물들을 '생추어리(sanctuary)'라고
불리는 별도의 장소로 보내는 경우도 늘고 있어요.
생추어리는 말 그대로 피난처, 안식처라는 뜻입니다.
야생으로 돌아가기 힘든 동물들을 죽을 때까지 안전하게
보호해 주는 곳을 말하죠. 요즘은 동물 연구와 교육,
멸종위기종의 보전과 복원, 야생동물 구조와 돌봄,
서식지 보전 활동 등을 통해 더욱 생태적인 동물원으로
탈바꿈하려는 노력이 여러 곳에서 이어지고 있습니다.

MC 인간 알겠습니다. 그런데 이런 변화가 바람직하긴 해도
결국 동물을 가두고 전시하는 동물원의 본질이 바뀌는
건 아니죠. 가장 좋은 건 동물원을 아예 없애는 것
아닌가요?

돌고래 말 잘했습니다. 실제로 동물원 문을 아예 닫은
나라가 등장했어요. 중앙아메리카의 코스타리카가
그 주인공이에요. 이 나라는 2024년 5월, 세계 최초로
공공기관이 운영하는 모든 공영 동물원을 폐쇄하기로
결정했습니다.
코스타리카는 원래 환경 선진국으로 이름이 높아요.
나라 전체의 약 40퍼센트가 열대 원시림으로 덮여 있고,
국토의 4분의 1을 자연보호구역으로 지정해 엄격히
관리하고 있죠. 에너지 대부분을 재생에너지로 사용하고
있기도 하고요. 이렇게 환경 보호에 노력을 기울이는
나라가 동물들을 위해 더 큰 걸음을 내디딘 겁니다.

MC 인간 참 특별한 나라네요. 그럼 코스타리카에서 동물원을
가고 싶은 사람들은 어떻게 하나요?

돌고래 소식을 들어 보니 민간에서 사적으로 운영하는 동물원은
정부가 강제로 문을 닫게 할 수 없어 그대로 남아 있다고
해요. 원하면 누구든 방문할 수 있는 거죠. 그리고 공영
동물원 폐지는 정부가 일방적으로 결정한 게 아니라,
오랜 기간 여론을 모아 추진한 만큼 큰 반발도 없었다고
합니다.

MC 인간 한국에도 본보기로 삼을 만한 동물원이 있을까요?

친구들 이야기를 들어 보니 충청북도 청주에 있는 청주동물원이 꽤 유명하더군요. 이 동물원은 야생동물을 구조하고 보호하는 일을 가장 중요한 목적으로 삼고 있습니다. 보호 동물을 야생으로 돌려보내는 일도 하고요. 동물을 구경거리로 내세우는 대부분의 동물원과는 분명히 다르죠. 또, 동물 본성을 배려하려고 운영 시간을 제한하고 있어서 운이 나쁘면 보고 싶은 동물을 못 볼 때가 자주 있다고 해요.
예를 들어 야행성 동물인 수달을 낮 시간대에는 억지로 야외 방사장에 내보내지 않아요. 활동 영역이 넓은 코끼리는 아예 들이지 않고, 한국 기후나 풍토에 잘 적응하지 못하는 외래종 동물은 점차 줄여 가고 있습니다. 하이에나, 코요테, 원숭이, 표범, 물범, 흑고니 등이 대표적이죠. 이에 더해 동물 관련 연구 활동, 시민 참여 활동, 교육 프로그램도 다양하게 운영하고 있다고 들었습니다.

MC 인간 우리나라에도 그런 동물원이 있다니, 왠지 뿌듯한데요?

돌고래 인터뷰 시작한 지 한참 지났는데, 동물 공연 애기는
안 하나요? 저 같은 동물들이 그거 때문에 인간들에게
잡혀가 얼마나 고생을 하는데….

MC 인간 아 참! 이제 그 이야기도 들려주세요.

돌고래 인간들은 동물이 묘기를 부리면 즐거워하지만 무대
뒤에서 어떤 훈련을 받고 어떻게 생활을 하는지는 거의
몰라요. 관심이 없죠. 대표적인 예로 코끼리 이야기를
해드리겠습니다.

코끼리가 사람 말을 잘 듣게 훈련하려면 어릴 때부터
확실히 길들여야 합니다. 그래서 새끼 코끼리를 작은
우리에 가두고 다리, 귀, 꼬리 등을 묶어 놓은 뒤 마구
때리거나 송곳으로 찔러 대는 방식으로 끔찍한 고통을
줍니다. 일주일에서 열흘 동안 굶기기도 하고요. 이렇게
새끼 코끼리는 사람을 무서워하게 되고, 시키는 대로
고분고분 따르게 되죠.

MC 인간 아이고, 불쌍해라. 어린 코끼리에게 어떻게 그런 짓을….

돌고래 학대는 훈련 과정에서도 계속됩니다. 조련사들은
쇠갈고리와 전기 충격기를 써서 코끼리를 찌르거나

때립니다. 쇠갈고리는 코끼리의 귀 뒤, 얼굴, 다리 뒤처럼 신경이 많은 민감한 부위에 사용해요. 극심한 고통을 줘 말을 잘 듣게 만드는 겁니다. 동족은 아니지만 이런 얘기를 들을 때마다 마음이 아파서 눈물이 나요. 다른 동물들도 마찬가지예요. 동물 훈련 과정에는 항상 이런 잔혹한 학대가 빠지지 않습니다.

인간들은 똑똑히 알아야 해요. 여러분이 웃고 박수를 치며 즐기는 그 공연이 있기까지 동물들이 어떤 고통을 겪었는지를 말입니다.

MC 인간 동물 공연은 보지 말아야겠다는 생각이 강하게 드네요. 찾는 사람이 줄면 공연도 자연히 줄어들 테니까요.

돌고래 그걸로는 부족해요. 법으로 동물 공연을 금지해야 합니다. 실제로 야생동물 공연을 전면 또는 부분적으로 금지한 나라가 이미 수십 곳이고, 계속 늘고 있어요.

MC 인간 잘 알겠습니다. 그런데 우리나라에서도 최근 들어 동물원 정책이 동물을 더 배려하는 방향으로 바뀌는 반가운 변화가 일어나고 있습니다.

돌고래 잘 알고 있죠. 한국에서는 2022년까지 동물원 등록제를 시행했어요. 형식적으로 요건만 갖추면 누구나 동물원을 등록해 운영할 수 있었죠. 그러다 보니 기본적인 자격조차 갖추지 못한 동물원이 우후죽순 생겨났어요.
동물을 직접 만질 수 있는 '체험형 동물원', 손님이
원하는 곳으로 동물을 데려가 보여 주는 '이동식 동물원'
같은 유사 동물원이 생겨난 건 당연한 결과였습니다.
라쿤이나 미어캣 등을 전시하는 '야생동물 카페' 역시
이러한 흐름에서 인기를 끌었고요.

MC 인간 참 부끄러운 일입니다. 그러다 2023년 12월 14일부터
법이 바뀌었죠?

돌고래 맞아요. 이제는 동물원과 수족관은 단순히 등록만
하면 되는 게 아니라 허가를 받아야 합니다. 동물원을
운영하려면 동물의 본성과 특성에 맞는 환경과 시설을
이전보다 훨씬 엄격한 기준으로 갖춰야 해요. 아울러
허가받지 않은 곳에서 야생동물을 전시하는 행위도
금지됐어요. 따라서 체험형 동물원, 이동식 동물원,
야생동물 카페 등은 유예 기간을 거쳐 2027년부터
사라지게 됩니다.
물론 이 정도만으로 동물원 실태가 획기적으로 달라지긴
어렵습니다. 더욱 구체적이고 엄격한 지침을 마련하고,
허가 기준을 지키는지 철저히 관리·감독할 체계도
필요해요.

MC 인간 그래도 조금씩이라도 변화해 가는 모습에서 희망이
보입니다. 어느덧 인터뷰를 마칠 시간이네요.
마지막으로 한 말씀 부탁드립니다.

돌고래 동물원에 갇혀 있다가 제주 바다로 돌아간 돌고래들은
남방큰돌고래입니다. 이들은 제주도 연안을 빙빙
돌며 살아가죠. 그러다 바다 밑에서 전복을 캐는
해녀들을 종종 만난다고 합니다. 그럴 때 해녀들이
어떻게 반응하는지 아나요? 제주도 사투리로 돌고래를
'곰새기'라 부르는데, "곰새기 왐서, 곰새기 왐서(돌고래야
어디 가니?)" 하면서 수면 위로 올라가 길을 비켜 준다고
해요. 그러면 돌고래들은 바닷속에서 가던 길을 유유히
헤엄쳐 갑니다.
해녀들이 길을 비켜 주는 이유가 뭘까요? 돌고래의
삶을 이해하고 존중하기 때문입니다. 많은 사람이
이런 해녀의 마음을 갖춘다면 얼마나 좋을까요? 이런
마음을 바탕으로 동물원에도 더 큰 변화의 바람이 불길
간절히 소망합니다. 동물원은 아무리 잘 꾸며 놓아도
동물에게는 감옥일 뿐이거든요.

MC 인간 네, 말씀 고맙습니다. 수고 많으셨습니다.

인간이 동물을 이용해 즐기는 행위의 한 예로는 동물 축제도 들 수 있어. 강원도 화천에서 매년 겨울마다 열리는 산천어 축제는 우리나라에서 가장 크게 성공한 동물 축제로 꼽혀. 2003년에 시작된 이후 해마다 100만 명이 넘는 방문객이 찾을 만큼 규모가 커졌고, 지역 경제 활성화는 물론 세계적으로도 이름이 알려진 대표적인 겨울 축제로 자리 잡았어.

사람들이 가장 많이 즐기는 체험은 얼음낚시야. 두껍게 언 빙판 위에 미리 뚫어 둔 작은 구멍에 낚싯대를 드리워 산천어를 낚아 올리는 방식인데, 단순하면서도 손맛을 느낄 수 있어서 참여자가 특히 많지. 차가운 물속에서 산천어를 직접 붙잡는 산천어 맨손 잡기 행사도 인기가 좋아. 그런데 2019년부터 산천어 축제를 반대하는 움직임이 나타나기 시작했어. 그 이유는 심각한 동물 학대 때문이야.

축제 기간에 쓰이는 수십만에서 100만 마리에 이르는 산천어는 자연산이 아니야. 전국 곳곳의 양어장에서 인공수정으로 태어나 사육된 뒤 실려 온 것들이지. 이 산천어들은 축제에 투입되기 5일 전부터 굶긴다고 해. 굶주려야 미끼를 더 잘 물고 맨손 잡기를 할 때도 힘이 빠져서 더 쉽게 잡히기 때문이야.

문제는 물고기도 고통을 느끼는 척추동물이라는 거지. 빙판 아래 비좁은 낚시 구역에 대량으로 몰아넣어진 산천어들은 엄청난 수의 사람들이 자신들을 계속 낚아 올리는 상황에서 얼마나 큰 스트레스와 공포를 느끼겠어?

맨손 잡기는 문제의 정도가 더 심각해. 좁은 공간에 빽빽하게 몰린 산천어에게 수많은 사람이 달려들어 쫓아다니고 맨손으로 잡아서 장난감처럼 가지고 놀아. 물고기는 공기 중으로 나오면 아가미 호흡이 불가능해지기 때문에 그 순간부터 극심한 고통을 겪게 돼. 사람들은 이렇게 잡은 산천어를 회나 구이로 먹고, 잡히지 않은 산천어는 모아서 어묵으로 가공해 먹어.

이 모든 과정이 단지 인간의 순간적인 재미를 위해 벌어지는 일들이라는 게 문제야. 아울러 생태계 교란을 우려하는 목소리도 점점 높아지고 있어. 원래 그곳에 서식하지 않는 물고기를 대량으로 풀어놓는 행위는 자연의 질서를 흐트러뜨릴 수밖에 없고, 그로 인한 영향이 결국 생태계 전반으로 퍼질 가능성도 충분히 크겠지?

서울대학교 수의과대학 연구팀이 2018~2022년 국내 동물 축제 실태를 조사해 발표한 보고서에 따르면 맨손 잡기, 낚시, 채집, 싸움 등 동물에게 극심한 고통을 주는 형태의 축제가 무려

84퍼센트에 달한다고 해. 우리나라뿐만 아니라 세계 곳곳에서 지역 경제를 살린다거나 전통을 지킨다는 명분 아래 동물을 학대하고 죽이는 축제가 여전히 많이 열리고 있어. 화천 산천어 축제도 이와 다르지 않아.

이제는 정말 바껴야 하지 않을까? 동물을 배려하면서도 지역 경제에도 도움이 될 수 있는 새로운 개념의 동물축제를 고민하고 실천해야 할 때야.

반려동물 개

"주인이 아니라
가족이면 좋겠어요"

2024년 우리나라 반려동물 인구는 전체 인구의 약 30퍼센트인 1,500만 명에 이른다. 10명 중 3명이 반려동물과 살고 있는 셈이다. 그중 개를 키우는 집은 455만 가구, 고양이를 키우는 집은 137만 가구라고 한다. 반려동물 인구의 80퍼센트 이상이 반려동물을 가족으로 여긴다고 대답한다. 하지만 해마다 버려지는 반려동물은 10만 마리가 넘는다.

인간과 가장 가까운 동물, 늘 인간 곁에 있는 동물, 오늘날 우리가
가장 자주 만나는 동물은 바로 개입니다. 지구 어디에서든 인간과
더불어 살아가는 다양한 종류의 개를 만날 수 있죠. 개는 사람을
충직하게 잘 따르고, 사람은 개를 아끼고 귀여워합니다. 이처럼
서로를 신뢰하는 관계 덕분에 인간과 개 사이에는 깊은 교감과
소통이 이루어지곤 합니다.

인간은 오래전부터 개를 다양하게 활용해 왔습니다. 사냥할 때,
가축을 기를 때, 썰매나 수레로 짐을 나르거나 이동할 때, 집을
지킬 때 등 여러 상황에서 개는 큰 역할을 맡아 왔죠. 현대에
와서는 전문 훈련을 받아 마약이나 폭발물 탐지, 인명 구조,
시각장애인 안내, 심리적 안정과 회복 지원 같은 까다로운 임무도
해냅니다.

개의 품종은 모양·크기·색깔 등에 따라 매우 다양합니다.
공식적으로 인정된 품종만 350여 가지에 이르죠. 평균 수명은

10~13년 정도입니다. 대체로 덩치가 큰 품종은 수명이 짧아 8~12년, 작은 품종은 12~16년 정도로 알려져 있습니다. 그렇다면 이런 개들은 인간의 품 안에서 행복하게 살고 있을까요? 우리는 개에 대해 얼마나 알고 있을까요? 오늘의 초대 손님은 바로 개입니다. 어서 오세요.

늑대는 어쩌다 개가 됐을까?

개 맨날 보는 사이에 무슨 특별한 이야기를 듣겠다고 부른 거예요? 지금 한창 낮잠 잘 시간인데….

MC 인간 이거 참. 처음부터 낮잠 타령이라니 당황스럽군요. 인간이 하자는 대로 잘 따르는 줄 알았는데, 꼭 그런 것만은 아닌 모양입니다.

개 우리가 아무리 인간의 돌봄을 받는 동물이라 해도 인간 말에 늘 고분고분 순종하기만 하는 건 아니죠. 우리를 너무 만만하게 보는 것 같은데, 그런 말을 들으니 졸음이 싹 달아나네요.

MC 인간 에이, 농담입니다, 농담. 귀한 초대 손님을 만만하게 보다니요. 혹시 기분이 나빴다면 사과드립니다. 이제 졸음도 달아났으니 본격적으로 이야기를 시작해

볼까요? 먼저 궁금한 점을 묻겠습니다. 개의 조상이
늑대라는 건 모두가 아는 사실인데, 언제 어떻게 늑대
무리에서 갈라져 나왔나요?

개　음, 워낙 까마득한 옛날이야기라 정확히는 모릅니다.
실제 학설도 다양해요. 예전에는 약 1만 5,000만 년 전에
개가 처음 인간과 함께 살게 되었다는 것이 일반적인
견해였습니다. 이 시기는 1만~1만 2,000년 전쯤에
빙하기가 끝나고 인류가 농사를 짓고 정착 생활을
시작하기 직전으로, 신석기 시대가 열리기 바로 전이죠.
그런데 최근 발견된 개의 뼈 화석과 유전자 분석 결과에
따르면 3만 5,000~4만 년 전인 것으로 밝혀졌어요.
인류가 수렵·채집을 하며 살아가던 구석기 시대부터
이미 개가 인간과 살기 시작했다는 얘기예요.

MC 인간　그런데 '언제'보다 솔직히 '어떻게'가 더 궁금하네요.
늑대가 어떻게 인간과 만나 개가 되었나요?

개　그것도 정확히 알기는 어려워요. 다만 가장 널리 알려진
전통적 견해는 이렇습니다. 사냥을 하며 살아가던
구석기 시대의 인류는 아마도 늑대와 종종 마주쳤을
겁니다. 그러다 집 근처를 돌아다니는 새끼 늑대를
발견해 데려오거나 무리에서 떨어진 늑대가 인간 마을에

들어오는 일이 여러 곳에서 자연스럽게 일어났겠죠.
이렇게 인간과 어울리게 된 늑대들은 점차 사람들과
가까워지고 함께 살아가는 법을 익혔을 겁니다. 늑대가
개로 변화한 과정은 이렇게 시작되었다고 볼 수 있어요.

MC 인간　늑대가 양 같은 가축을 공격하기도 해서인지 많은
사람이 늑대라고 하면 잔인한 살육자 같은 부정적
이미지를 떠올리기도 합니다. 그런 늑대가 인간과 가장
먼저 친해진 동물이라는 사실이 참 신기하네요.

개　어쩌면 인간과 늑대 둘 다 무리를 이루어 사회적으로
생활한다는 공통점이 있어 빠르게 가까워졌는지도
모르죠. 어쨌든 인간은 늑대와 어울린 이후 다루기 쉬운
순한 늑대를 골라 길들였고, 이런 늑대들이 세월이
흐르며 개로 바뀌어 갔습니다. 특히 우리가 인간의
동반자가 된 건 인간에게 실질적으로 도움을 주었기
때문이에요. 인간은 사냥, 목축, 운송, 경비 등 여러 일에
우리를 요긴하게 활용했어요. 이런 경험이 쌓이면서
인간과 우리의 관계는 더욱 긴밀해졌습니다.

MC 인간　들짐승이었던 개가 집짐승이 된 과정은 인간이 생활에
도움을 받기 위해 이끌어 낸 것으로 이해하면 되겠군요.

개　그렇긴 한데 다른 측면도 있어요. 최근에는 개가 스스로

인간의 동반자가 되는 것을 선택했다는 흥미로운 주장도
나오고 있거든요. 사냥할 때 인간과 개 사이에서 어떤
일이 벌어졌는지 상상해 볼까요?
냄새로 사냥감을 찾거나 숲에서 요리조리 장애물을
피하며 빠르게 추격하는 능력은 개가 인간보다
뛰어납니다. 우리가 사냥감을 한곳으로 몰아 두면
인간이 뒤쫓아 와 도끼나 창, 화살촉 같은 도구를 이용해
사냥감을 잡았을 겁니다. 호수나 늪에서는 그물을
사용했겠고요. 말하자면 사냥 과정에서 인간과 개는
서로 역할을 나누어 협력했다는 거죠.

MC 인간   그럴싸하네요.

개   중요한 점은 이 협력이 인간과 개 모두에게 이득이
되었다는 거예요. 인간은 개와 함께 사냥함으로써
더 많은 식량을 얻고, 육체적 수고와 위험을 줄일 수
있었어요. 이를 통해 인류는 더 강력한 힘을 지니게
되었고, 이후 문명을 일구고 지구를 지배하는 데 큰
도움이 되었을 겁니다.
두말할 나위 없이 우리 개에게도 이득이 컸어요.
인간과 협력해 사냥 성공률이 높아지고, 위험과 수고를
덜면서도 더 많은 먹이를 얻을 수 있었으니까요. 인간

곁에 머물면서 사나운 짐승들의 공격 같은 생존의
위협에서도 더 안전해졌을 거고요. 그래서 어쩌면 우리
조상 가운데 일부가 인간에게 먼저 다가가 먹이를 나눠
달라는 신호를 보냈을지도 모릅니다.

MC 인간 고개가 끄덕여지네요. 정리하면, 개가 인간과 어울려
살게 된 건 둘이 서로 도와 함께 만들어 낸 결과라고 볼
수 있겠군요.

동료에서 소유물이 되기까지

개 사실 옛날에는 인간과 동물이 서로 의지하며 도움을
주고받는 관계였어요. 그땐 인간이 지금보다 다른
생명체를 존중하는 마음가짐과 삶의 태도를 지니고
있었죠. 인간과 동물이 협력 관계를 맺을 수 있었던 것도
그 덕분이었을 겁니다.

MC 인간 그랬던 둘 사이가 어쩌다 지금처럼 인간이 동물을
지배하고 착취하는 관계로 바뀌었는지 안타깝네요.
그래서 하는 말인데, 이참에 인간과 개의 사이를 넘어
인간과 동물의 관계가 역사적으로 어떻게 변화해
왔는지도 짚고 넘어가면 어떨까요?

개   그러죠. 그렇게 시야를 넓히면 동물과 관련된 여러
문제를 더 깊이 이해하는 데 큰 도움이 될 겁니다.
대체로 전문가들은 인간과 동물의 관계 변화를 세
단계로 구분하더군요.
첫 번째 단계는 인간이 야생의 동물을 사냥하고 식물을
채취하며 생존을 이어 갔던 수렵·채집 시기입니다.
인류의 조상이 지구상에 처음 등장한 약 300만~350만
년 전부터 농사를 짓기 시작한 1만~1만 2,000년 전
무렵까지, 즉 구석기 시대 전반을 가리키죠. 이 시기에
인간은 동물을 더불어 살아가는 동료 생명체로
존중했습니다. 그래서 생존에 필요한 만큼만 사냥했고,
사냥이 끝난 뒤에는 희생된 동물에 감사와 죄책감을
표현하는 의식을 치르기도 했어요. 이때만 해도 인간은
말 그대로 자연의 일부이자 수많은 동물 가운데
하나였다고 할 수 있습니다.

MC 인간   동물을 함부로 대하지 않는 문화는 아직도 지구 곳곳의
토착 원주민들의 삶 속에 남아 있긴 한데요. 그럼 그
이후에는 어떤 변화가 일어났나요?

개   두 번째 단계는 농경과 목축의 시기예요. 약 1만~1만
2,000년 전, 빙하기가 물러가며 신석기 시대의 막이

오르고 기후가 따뜻해지자 인간은 농사를 짓기 시작했습니다. 집단을 이루어 정착 생활을 하게 되었고, 그와 함께 자연스럽게 가축도 기르기 시작했죠. 우리 개를 비롯해 양, 염소, 소, 말, 낙타, 돼지, 닭 등이 차례로 들짐승에서 집짐승으로 길들여지는 '가축화'의 길을 밟았습니다.

문명이 발달하면서 새로운 도구와 무기를 손에 쥔 인간의 힘은 갈수록 강력해졌습니다. 그 결과 인간은 다른 동물들을 훨씬 손쉽게 다룰 수 있게 되었죠. 이렇게 해서 본격적인 '가축 사육의 시대'가 열렸어요. 가축 동물들은 인간에게 고기와 젖, 가죽, 털은 물론 농사에 필요한 노동력까지 제공했습니다. 사냥을 하거나 무거운 짐을 나르거나, 빠르게 이동해야 할 때에도 요긴한 일꾼 역할을 했고요.

MC 인간　이 단계에서 인간들은 가축을 어떻게 대했나요? 혹시 학대하거나 착취하지는 않았나요?

개　이 시기에는 서로 다른 두 가지 모습이 동시에 존재했던 것 같아요. 먼저 짚어 볼 점은 이때까지만 해도 인간과 동물이 공생 관계를 유지했다는 사실입니다. 인간은 가축이 된 동물들과 친밀한 유대감으로 연결돼

있었어요. 사람들은 가축과 한 지붕 아래에서 함께
살며 한 마리 한 마리를 개별적인 존재로 인식하고
지냈습니다. 동물과 정서적으로 교감하며 가족이나
동료처럼 여겼고, 이름을 붙여 부르기도 했죠. 인간이
점차 자연을 더 강력하게 지배하고 통제하게 되긴
했지만, 그 방식이 아직까지는 지나치게 폭력적이거나
파괴적인 수준은 아니었다고 볼 수 있습니다.

MC 인간   알겠습니다. 두 가지 모습 가운데 다른 한 가지는 좀
반대되는 내용이겠군요?

개   맞아요. 인간이 동물을 지배하고 착취하는 모습이 바로
그것이죠. 인간은 자신에게 필요한 동물을 붙잡아 두고
최소한의 먹이만 주며 노동을 시켰습니다. 이 시기
인간이 동물을 보호한 것도 사실이지만, 동시에 동물은
인간의 소유물이 되었습니다.
동물이 인간의 권력과 부를 쌓는 수단이 되면서 인간의
동물 지배가 인간이 인간을 지배하는 방식, 이를테면
노예제의 배경이 되었다는 주장도 나오더군요. 어쨌든
이 시기에 인간과 동물 사이의 동반자 관계는 서서히
붕괴되었고, 인간이 동물을 일방적으로 지배하는 관계가
형성되었다는 점은 부인하기 어려워 보입니다.

MC 인간 그렇다면 두 번째 단계의 특징은 이렇게 정리할
수 있겠네요. 동물을 돌보고 가까이 지내는 모습이
있었지만, 동시에 지배하고 착취하는 상황도 함께
나타났다고요. 이제 세 번째 단계로 넘어가 볼까요?

같은 동물, 다른 운명

개 가장 큰 변화가 일어난 것이 세 번째 단계예요. 대략
18세기 산업혁명 이후부터 현재에 이르는 시기의
이야기입니다. 공장에서 물건을 대량으로 생산하는 공업
중심의 시대가 열리면서 경제와 산업은 빛의 속도로
발전했고, 수많은 사람이 도시로 몰려들었어요.
이 시기의 가장 중요한 특징은 돈벌이를 앞세운
물질주의가 기승을 부리면서 동물을 포함한 생명체마저
상품이나 도구로 다루게 되었다는 점입니다. 훨씬 더
강력해진 인간에 비해 동물은 절대적 약자로 전락했고,
그로 인해 가장 손쉬운 표적이 되었죠. 동물의 '상품화'가
본격적으로 진행되면서 동물은 인간의 소비 대상이 되고
말았습니다.

MC 인간 그 과정에서 가축을 키우는 축산업에도 큰 변화의

바람이 불었겠군요.

개 그렇죠. 인구가 급격히 늘고 생활 수준이 올라가면서
고기 수요가 폭발적으로 증가했어요. 그러면서 엄청난
수의 동물이 사육되고 또 도살되었습니다. 소고기,
돼지고기, 양고기 등을 생산하는 일이 거대한 산업으로
변해 갔죠. 대다수 가축이 공장식 축산 시스템의 틀에
갇히게 된 것도 당연한 결과였어요.
인간과 동물 사이를 가르는 높은 장벽은 그렇게
세워졌고, 동물은 인간의 일상에서 점점 사라졌습니다.
그러니 인간이 동물을 잔인하게 다루면서도 별다른
거리낌이나 양심의 가책을 느끼지 않게 된 것
아니겠습니까?

MC 인간 변화의 소용돌이 속에서 동물에 대한 사람들의 의식이나
생각이 어떻게 달라졌는지도 궁금합니다.

개 그것도 꼭 짚어 봐야 할 부분입니다. 세 번째 단계에서는
사람들의 사고방식에 매우 큰 변화가 일어났거든요.
핵심은 인간이 이 세상의 유일한 중심이자 주인이라는
생각이 자리 잡으면서 인간과 자연을 서로 연결된
존재가 아니라 분리된 대상으로 바라보게 되었다는
점입니다. 그 결과 인간이 자연을 마음대로 지배하고

103

정복해도 된다는 사고가 뿌리내리게 되었죠. 이런

인식은 동물에게도 고스란히 적용되었어요. 동물은

본능만을 따르는 열등한 존재이므로 인간이 수단이나

도구로 삼아도 된다는 생각 말입니다.

그 결과 소나 돼지, 닭 같은 동물들은 살아 있는 생명체가

아니라 단순한 고기 생산 기계로 여겨지게 된 거죠.

인간과 동물이 동반자로 공존하던 시대는 이렇게 막을

내렸고, 동물들은 이전에는 경험하지 못했던 극심한

고통과 학대의 쇠사슬에 묶이게 되었어요. 이것이

오늘날 인간과 동물의 관계가 처한 현실입니다.

MC 인간 잘 알겠습니다. 자, 이제 다시 개 이야기로 돌아가

볼까요. 이런 흐름 속에서 개는 어떤 변화를 겪었나요?

개 개 역시 놀라운 변화를 겪었습니다. 점점 더 온순해지고

몸집도 작아졌죠. 특히 세 번째 단계에서 우리 개들은

가장 큰 운명의 변화를 맞았어요. 소나 돼지, 닭 같은

가축들은 대부분 도시 바깥의 농장으로 밀려났지만

개는 도시에 남았습니다. 인간에게 고기를 제공하거나

농사일에 직접적인 도움을 주지 못했으니까요. 인간은

그런 개를 애완견으로 길들였습니다. 그 과정에서 개는

본래 지니고 있던 야생성과 사냥 능력을 대부분 잃고

말았죠. 이제는 인간의 보호와 보살핌 없이는 살아가기 어려운 존재가 되어 버렸어요. 아마 우리 조상인 늑대가 이 사실을 안다면 꽤나 슬퍼하지 않을까요? 지금의 우리를 한심하게 여길지도 모르겠습니다.

MC 인간 그래도 인간이 먹이와 잠자리를 챙겨 주는 생활이 편하고 안전하지 않나요? 혹시 배부른 투정을 하시는 건 아닌지요….

개 어허, 모르시는 말씀! 투정이라니요. 물론 그런 측면이 전혀 없다고는 할 수 없겠지만 인간에게 절대적으로 의존하지 않으면 생존할 수 없는 처지가 된 건 사실입니다. 자유나 독립성 같은 것들을 완전히 잃어버렸으니까요.

더 귀엽게, 더 작게, 그리고 더 아프게

MC 인간 그렇군요. 안 그래도 꼭 물어보고 싶은 게 있었는데, 지금 나온 얘기와도 연결될 듯합니다. 바로 개의 지나친 품종 개량 문제인데요. 동식물의 유전 형질, 그러니까 모양이나 크기, 성질 같은 고유한 특징을 인위적으로 바꾸는 품종 개량 때문에 수많은 개가 유전병을 비롯한

큰 고통을 겪고 있다고 들었습니다. 당사자로서 할 말이
아주 많을 것 같은데요.

말도 마세요. 그 문제라면 가슴 아픈 이야기가
수두룩합니다. 사실 품종 개량 자체가 새로운 일은
아니에요. 아주 오래전, 인간이 동물을 가축화하기
시작할 때부터 있어 왔으니까요. 하지만 세 번째 단계
이전까지는 규모도 작았고, 매우 긴 시간에 걸쳐 서서히
이루어졌기 때문에 큰 문제가 되지 않았습니다. 그런데
어느 순간부터 엄청난 규모로, 그것도 아주 빠른 속도로
마구 이루어지기 시작했죠. 우리 개뿐 아니라 여러
가축의 생김새가 지금의 모습으로 굳어진 것도 그
때문이에요.

인간이 소, 돼지, 닭 같은 가축을 품종 개량한 이유는
빤합니다. 고기나 알, 젖, 털 같은 '상품'을 최대한 많이
얻기 위해서죠. 그런데 우리 개는 조금 다릅니다.
노동력 같은 실용적인 목적 외에도 단지 더 귀엽고 더
예쁘게 보이게 하려고 품종 개량이 이루어진 경우가
많았거든요. 게다가 인간은 참 변덕스러워서 시대가
바뀔 때마다 취향이 계속 달라집니다. 개가 지구상에서
크기와 생김새가 가장 다양한 동물이 된 이유도 바로

106

여기에 있어요.

MC 인간 그렇겠네요. 솔직히 제가 봐도 좀 심하다는 생각이
듭니다. 이를테면 몸집이 매우 큰 사냥개인
그레이트데인은 보통 몸무게가 50킬로그램을 훌쩍
넘는 반면, 가장 작은 품종인 치와와는 아무리 커도
3킬로그램이 채 되지 않습니다. 전혀 다른 동물처럼
보이는데 같은 종이라는 사실이 신기할 정도예요.

개 그러게 말입니다. 동족의 눈으로 봐도 희한한데 인간이
보기에는 오죽하겠습니까. 그뿐만이 아니에요. 퍼그는
늘 찡그린 듯한 표정이고, 불도그는 다리가 짧아
뒤뚱뒤뚱 걷죠. 푸들처럼 털이 곱슬곱슬한 품종도
있고요. 이런 특정한 형질을 대대로 이어 가려면 같은
특징을 지닌 개들끼리 계속 교배시켜야 합니다. 이걸 좀
어려운 말로 '근친교배'라고 하죠.
문제는 여기서 생깁니다. 유전병은 근친교배의
결과거든요. 같은 유전 형질을 지닌 개들끼리 계속
번식하다 보니 특정 질환을 일으키는 유전자도 그대로
대물림되는 겁니다. 인간은 자신이 원하는 외모나
성격을 얻을 수 있을지 모르지만 우리 개들에겐
그야말로 죽을 맛이에요.

MC 인간 유전병에는 어떤 것들이 있나요?

개 정말 다양합니다. 달마티안은 청각 장애가 생기는
경우가 많고, 리트리버는 시야가 부옇게 흐려지는
백내장에 시달리곤 합니다. 저먼 셰퍼드는 엉덩이뼈와
허벅지뼈를 잇는 관절에 문제가 생기기 쉽죠. 대체로
눈이 지나치게 큰 품종은 눈 질환에 약하고, 다리가 너무
짧은 품종은 관절염이나 척추 질환에 잘 걸려요. 털을
거의 없애거나 반대로 과도하게 길게 만들면 체온 조절
능력이 떨어지기도 하고요. 심한 경우에는 기형으로
태어나거나 암에 걸릴 확률이 높아지기도 합니다.

MC 인간 그렇군요. 그런 개들을 그저 귀엽다고만 여기는 건 분명
잘못이겠네요. 그런데 듣기로는 가장 극단적인 품종
개량 사례로 불도그를 많이 꼽던데, 사실인가요?

개 네, 맞습니다. 불도그는 원래 지금보다 훨씬 키도 크고
날씬하면서 늠름한 체형을 지닌 개였어요. 하지만
지금은 체구가 작아지고 다리도 짧아졌죠. 얼굴은
평평하게 만드는 바람에 주름이 늘어나 눈꺼풀이
안쪽으로 말려 들어가고, 코가 짧아져 호흡조차
힘들어졌습니다. 게다가 몸집에 비해 머리가 너무
커지면서 자연 분만이 어려워졌어요. 그 때문에 어미

개의 배를 갈라 새끼를 꺼내는 제왕절개가 흔해졌죠.

MC 인간 이런, 불도그에게 그런 사연이 있는 줄은 몰랐네요.

개 그래서 이 말을 꼭 하고 싶어요. 인간의 사소한 즐거움이나 욕망을 채우기 위해 이루어지는 지나친 품종 개량은 자연의 본성을 크게 망가뜨리는 일입니다. 우리가 도대체 뭘 잘못했다고 이런 고통을 감당해야 하나요? 가끔 산책하면서 이웃집 불도그를 만나는데, 그 친구를 볼 때마다 안쓰러운 마음을 감출 수가 없어요. 인간이 귀엽고 예쁘게 느낀다는 이유만으로 살아 있는 생명체의 유전자 질서를 이토록 극단적으로 바꾸는 게 과연 옳은 일일까요?

MC 인간 마음이 착잡해지네요. 심하게 말하면 지금의 개는 인간이 인위적으로 만들어 낸 존재 같다는 느낌마저 듭니다.

개 네. 인간들은 어떤 개가 진짜로 건강하고 훌륭한 개인지 제대로 알아야 해요. 한마디로 말해 순종보다 잡종이 훨씬 낫습니다. 근친교배로 태어나는 순종보다 오랜 시간에 걸쳐 다양한 유전자가 섞여 태어난 잡종이 훨씬 건강해요. 섞이는 것이 좋다, 이것이 자연의 진실입니다. 우리 조상인 늑대의 모습에서 멀어질수록, 다시

109

말해 인간의 개입이 많아질수록 그 개는 건강에서도
멀어진다고 보면 돼요. 모든 생명은 자연의 시간 속에서
살아갈 때 비로소 온전할 수 있다는 사실을 인간
여러분은 잊지 말아야 합니다.

가족을 어떻게 버리나요?

MC 인간 오늘 정말 많은 걸 배우네요. 그런데 이야기를 듣다
보니 인간의 이중성이 자꾸 떠오릅니다. 그래서 또 하나
짚고 싶은 문제가 있는데요. 바로 반려동물을 버리는
유기동물 문제입니다.

개 인간 마음이라는 게 참 알 수 없어요. 귀엽고 예쁘다고
호들갑을 떨 때는 언제고, 한 가족처럼 지내다가 어떻게
그렇게 매정하게 버릴 수 있는지 도무지 이해가 안
됩니다. 핑계도 참 다양하더군요. 어릴 때는 귀여웠는데
커 보니 외모가 마음에 들지 않는다, 싫증이 났다,
병원비나 사료비가 부담된다, 돌보는 일이 귀찮아졌다
등등 말입니다.

MC 인간 한숨이 나옵니다. 그럼 개를 포함한 유기동물 수는
얼마나 되나요? 그렇게 버려지면 이후에는 어떻게

되고요?

개 버려지는 동물은 해마다 평균 10만 마리가 훌쩍 넘는다고 합니다. 그것도 전국의 동물보호센터에 들어온 경우만 헤아린 거라 실제로는 훨씬 많을 거예요. 안타깝게도 보호센터에 들어온 동물 가운데 절반가량은 자연사하거나 안락사로 생을 마감합니다. 나머지 절반 정도만이 입양되거나 원래 가족을 찾죠. 유기동물의 약 70퍼센트는 개, 30퍼센트는 고양이라고 하고요.

MC 인간 솔직히 좀 부끄러운 질문인데요, 인간들이 내세우는 그런 핑계들이 정말 진짜 이유일까요?

개 가장 근본적인 문제는 책임감 부족이라고 생각합니다. 그래서 인간들에게 묻고 싶어요. 여러분은 자식이 못생겼다고 버리나요? 키우기 귀찮다고, 병원비가 많이 든다고 내다 버리나요? 늙은 부모를 돌보기 힘들다고 해서 함부로 버리나요?

MC 인간 말문이 막히네요. 《어린 왕자》에 이런 말이 나오죠. "네가 길들인 것에 너는 언제까지나 책임을 져야 해." 반려동물을 대하는 인간의 태도를 정확히 짚은 말인 것 같습니다.

개 맞아요. 반려동물은 단순한 호기심으로 데려와서는 안 됩니다. 죽을 때까지 책임질 각오가 없다면 애초에 가족으로 맞아들이지 말아야 해요.

이 자리를 빌려 인간들에게 덧붙이고 싶은 말이 하나 있습니다. 반려동물을 책임지는 일은 인간 개인의 선의에만 맡겨서는 안 된다는 겁니다. 그럼 우리 동물의 운명은 착한 주인을 만나느냐 못 만나느냐에 따라 좌우되기 때문이에요. 그래서 제도적 장치가 반드시 필요하다고 생각해요.

MC 인간 그렇다면 어떤 제도가 필요할까요?

개 모범 답안을 제시할 수는 없지만, 동물 정책에서 앞서가는 것으로 유명한 독일의 사례를 소개할게요. 독일에서는 동물을 사고팔 수 없고, 유기동물 보호소를 통해서만 입양할 수 있습니다. 입양할 때는 가족 구성원 모두의 동의를 받아야 하고, 또 개를 키우면 매년 동물 보유세라고 할 수 있는 '개 세금'을 내야 합니다. 대중교통을 이용할 때도 사람처럼 요금을 내야 하고요. 동물을 반드시 국가 관리 시스템에 등록해야 하며, 예방접종과 건강검진을 받는 것도 의무입니다. 반려동물을 기른다는 건 그 정도의 책임과 비용을 기꺼이 받아들인다는 뜻이에요.

MC 인간 나라마다 사정이 다르겠지만 우리나라에서도 참고할 만한 점이 많아 보이네요. 이제 마무리할 시간입니다. 마지막으로 하고 싶은 말이 있다면 부탁드립니다.

개 예전에는 반려동물을 '애완동물'이라 불렀죠. 장난감처럼 곁에 두고 즐기는 대상이라는 뜻에서요. 인간의 자기중심적인 시각이 드러나는 말이에요. 반면 '반려(伴侶)'란 생각과 삶을 함께하는 동반자를 의미합니다. 이 말에는 동물을 하나의 생명으로 존중하겠다는 태도가 담겨 있어요. 동료 인간 여러분, 반려동물을 대할 때 이 '반려'라는 말의 뜻을 꼭 기억해 주세요.

MC 인간 오늘 정말 뜻깊은 시간이었습니다. 인간과 동물이 어떻게 공존해야 할지를 다시 생각하게 되었어요. 이제 돌아가서 인터뷰 때문에 못 잔 낮잠을 편히 즐기시길 바랍니다.

사람들이 키우는 개는 어디에서 올까? 우리나라에서 개를 데려오는 흔한 방식 가운데 하나는 '펫숍(애견숍)'에서 돈을 주고 강아지를 사 오는 거야. 그런데 이런 곳들에 진열된 강아지들은 개 농장, 이른바 '강아지 공장'이라 불리는 개 번식장에서 인위적으로 태어난 개들이지.

개 번식장에서 어미 개들이 갇혀 지내는 우리를 '뜬장'이라고 해. 바닥까지 구멍이 숭숭 뚫린 철조망으로 만들어져 배설물이 아래로 떨어지도록 되어 있어. 바닥이 땅에서 붕 떠 있는 구조여서 뜬장이라는 이름이 붙었지. 이렇게 만든 가장 큰 이유는 청소를 손쉽게 하기 위해서야. 인간의 편의만 고려한 거지.

이런 뜬장에 갇힌 동물들은 평생 땅을 한 번도 밟아 보지 못한 채 철조망 위에서 살아가야 해. 그 결과 발바닥이 갈라지고 염증이 생기기 일쑤야. 태어난 지 얼마 안 된 강아지나 몸집이 작은 개들은 다리가 철조망 구멍 사이로 빠진 채 지내기도 해. 그러다 보니 개들은 늘 긴장과 스트레스에 시달리고 추위와 더위, 비바람을 고스란히 견뎌야 해. 비좁아서 몸을 자유롭게 움직이기도 힘들지.

더 슬픈 점은 뜬장의 문을 열어 줘도 개들이 밖으로 잘 나가려
하지 않는다는 사실이야. 자유를 경험한 적이 없어 바깥세상을
무서워한다고 해. 어렵게 밖으로 나가더라도 비틀거리다
넘어지는 경우도 많아. 제대로 걸어 본 적이 없어서지.

이런 환경에서 개들은 1년에 여러 차례 강제 임신과 출산을
반복해. 인공수정으로 임신을 하고 두 달이 지나면 출산을
하는데, 이때 배를 갈라 새끼를 꺼내는 경우도 적지 않아. 이렇게
세상에 나온 강아지들은 경매장을 거쳐 전국 곳곳으로 보내지고
'상품'이 되어 팔려 나가. 어미 개들은 나이가 들어 번식 능력을
잃을 때까지 이 과정을 몇 번이고 겪어.

펫숍에서 분양되는 건 태어난 지 30~35일 된 어린 강아지들이야.
사람들이 주로 작고 귀여운 모습의 개를 원하기 때문이지.
2024년에 개 식용 금지법을 시행하기 이전만 해도 이런 개
농장이 전국적으로 1,530곳에 이르렀고, 이곳에서 사육하는
개의 수는 46만 마리가 넘었어. 하지만 개 농장을 없애야 한다는
강력한 여론과 정책에 힘입어 2025년 12월 정부 발표에 따르면,
개 농장은 333곳이고 여기에서 사육하는 개는 3만 7,000마리로
줄어들었어. 이제 이런 곳들은 정말 사라져야겠지?

복제동물 양

"현대 과학기술,
빛보다 그늘을 보세요"

동물 복제는 1996년 복제 양 돌리의 탄생 이후 본격적으로 이루어지기 시작했다. 현재까지 복제에 성공한 동물은 양, 소, 돼지, 개, 고양이 등을 포함해 20종이 넘는다. 그러나 복제 성공률은 약 1~5퍼센트에 불과해 한 마리의 복제동물이 태어나기까지 수많은 실패를 거쳐야 한다. 돌리 역시 277번의 시도 끝에 탄생했다. 또한 복제동물 가운데 30~50퍼센트는 태어날 때부터 건강에 문제를 안고 있는 것으로 알려져 있다.

양은 개에 이어 두 번째로 가축화된 동물로 오랫동안 인간에게
많은 것을 제공해 왔습니다. 수북하게 자란 털은 옷감을 만드는
데 쓰이고, 양고기와 양젖은 영양가 많은 식품이죠. 특히 양털은
보온성이 뛰어나고 질겨 겨울옷의 원료로 제격입니다. 양고기는
돼지고기, 소고기, 닭고기에 이어 인류가 네 번째로 많이 먹는
고기이고요. 양가죽도 빼놓을 수 없겠네요. 옷과 각종 생활용품을
만드는 데 널리 쓰이니까요.

현재 전 세계적으로 10만 마리가 넘는 양이 사육되고 있는데, 주로
오스트레일리아·뉴질랜드·중남미 지역에서 많이 기르죠.

그런데 이런 양이 1997년 2월 22일, 전 세계 사람들을 깜짝
놀라게 한 사건의 주인공이 되었습니다. 당시의 상식으로는
이해하기 어려운 방식으로 동물 복제가 성공했다는 발표가 나왔기
때문입니다. 1996년 영국의 한 연구소에서 태어난 복제 양 '돌리'가
바로 그 주인공인데요, 돌리는 동물 복제를 넘어 인간 복제의

119

가능성까지 보여 주었다는 점에서 당시 사회에 엄청난 충격을
안겼죠.

오늘은 양을 초대해 동물 복제와 인간 복제, 그리고 이를 가능하게
한 생명공학과 현대 과학기술을 둘러싼 문제에 대해 이야기를
나눠 보겠습니다. 반갑습니다, 어서 오세요.

논란의 중심에 선 복제 양 돌리

MC 인간　복제 양 돌리가 세상을 뒤흔든 지도 어느덧 30년 가까운
세월이 흘렀군요. 그때 기분이 어땠나요?

양　정말 대단한 사건이었죠. 동물 역사에서 양이 그렇게
뜨거운 이슈의 중심에 선 적은 그때가 처음이었고,
아마 앞으로도 없지 않을까 싶습니다. 돌리가 평생 처음
들어 보는 복제동물이었기 때문에 진짜 동족이 맞는지
혼란스럽기도 했어요.

MC 인간　충분히 그랬을 것 같습니다. 사람들이 그토록 놀랐던
이유는 돌리가 태어난 방식이 그때까지만 해도 상상하기
힘든 것이었기 때문인데요, 먼저 돌리가 어떻게
태어났는지부터 설명해 주시겠습니까?

양　네, 일반적으로 동물은 수컷의 정자와 암컷의 난자가

만나 수정되면서 새로운 생명이 탄생하죠. 하지만
돌리는 수정 없이 태어났어요.

과학자들은 먼저 여섯 살짜리 암컷 양의 가슴 부위에서
'체세포', 다시 말해 생식세포가 아닌 세포를 떼어
냈습니다. 그리고 다른 암컷 양의 난자에서 유전
물질을 제거한 뒤 그 안에 체세포를 넣었습니다. 이후
전기 자극을 가하자 체세포와 난자가 결합해 '배아', 즉
수정란이 세포 분화를 시작해 태아가 되기 전 단계의
생명체로 자라기 시작했습니다. 이 배아는 암컷과
수컷의 유전자를 함께 물려받는 일반적인 배아와
달리, 오로지 체세포를 떼어 낸 암컷 양의 유전자만을
물려받았어요. 이렇게 유전자가 똑같은 생명체를 새로
만들어 내는 것을 '복제'라고 합니다.

MC 인간 전문 용어가 많이 나와서 조금 어렵게 느껴지네요. 오늘
인터뷰에서 자주 등장할 '유전자'란 무엇인지 설명해
주시죠.

양 유전자는 생물의 모양, 크기, 성질 같은 유전 형질을
규정하는 기본 단위입니다. 한 생물체의 모든 정보가
담긴 '생명의 설계도'라고 할 수 있죠. 그러니 돌리는
체세포를 떼어 낸 여섯 살짜리 암컷 양을 그대로 본뜬

121

복제동물인 겁니다.

MC 인간   그렇다면 돌리에게는 아빠가 없다는 말이군요? 그렇게 특이한 방식으로 태어났다면 다른 평범한 양들과 다르지 않았나요?

양   질문이 많네요. 하나씩 답하겠습니다. 먼저 돌리의 외모는 다른 양과 다르지 않았어요. 외모까지 완벽하게 복제에 성공한 거죠. 그리고 말씀하신 대로 돌리는 아빠가 없어요. 대신 엄마가 셋이나 있죠.

MC 인간   엄마가 셋이라고요?

양   그렇습니다. 하나씩 따져 볼까요? 체세포를 준 엄마, 난자를 준 엄마, 그리고 실제로 돌리를 낳아 준 엄마, 이렇게 셋입니다. 하지만 돌리는 체세포를 준 엄마의 유전 형질만을 물려받았어요. 보통의 동물은 아버지와 어머니의 유전 형질을 함께 물려받지만 돌리는 그렇지 않았던 거죠.

MC 인간   마치 마법을 부리는 것 같네요. 그런데 돌리가 최초의 복제동물은 아니라고 들었습니다. 그럼에도 돌리가 그렇게 큰 논란이 된 이유는 뭔가요?

양   돌리 이전에도 쥐나 토끼 같은 동물의 복제는 이루어졌어요. 하지만 그들은 모두 수정란을 이용한

122

복제였죠. 돌리는 다 자란 어른 동물의 체세포를 이용해
복제에 성공한 최초의 포유동물이었어요. 이 점이 가장
중요합니다. 사람들을 놀라게 하고 두렵게 한 것은 바로
인간 복제의 가능성이었어요. 피부나 머리카락처럼
인체의 일부에서 세포를 뽑아 똑같은 인간을 만들어
낼 수 있다는 뜻이었으니까요. SF 소설이나 영화에서나
등장하던 복제 인간이 현실이 될 수 있게 된 겁니다.
세상에 나와 똑같은 존재가 생긴다? 정말 상상을
초월하는 일이고 윤리적으로 매우 심각한 문제가 될
수 있죠. 돌리는 생명공학의 새로운 지평을 연 동시에
인간 존재의 근본을 뒤흔드는 질문을 던진 특별한
양이었습니다.

MC 인간 생명공학의 힘과 위험을 동시에 느끼게 됩니다.
그렇다면 '생명공학'이란 정확히 무엇인가요?

양 생명공학은 생물의 기능이나 생명 현상을 인위적으로
조작하는 모든 기술을 말합니다. 유전자를 변형하거나
조작해 생명체를 개조하고, 새로운 생명체를 만들어
내기도 하죠. 부정적으로 말하면 인간이 자연과 생명의
질서를 통제하고 지배하려는 시도라고도 할 수 있어요.
생명공학은 그동안 눈부신 발전을 계속해 왔습니다.

123

그러면서 인간들에게 혜택을 많이 안겨 주었지만 그
못지않게 많은 문제를 일으켜 왔죠.

동물 복제는 구원이 될 수 있을까?

MC 인간　현재 동물 복제는 어느 정도까지 발전했나요?

양　1952년 미국에서 개구리 복제가 성공하면서 동물 복제의
역사가 시작됐어요. 이후 1996년 돌리 탄생을 계기로
양, 말, 소, 돼지, 늑대, 고양이, 개 등 20종이 넘는 동물이
복제에 성공했죠. 2018년에는 중국에서 원숭이 두
마리를 복제하는 데 성공했습니다. 인간이 속한 영장류
복제로는 세계에서 처음이었어요.

MC 인간　멸종위기 동물도 복제했다면서요?

양　네. 검은발족제비와 야생말의 유일한 후손인
프르제발스키말을 복제하는 데 성공한 사례가
대표적입니다. 최근에는 약 4,000년 전에 멸종한
매머드를 복원하려는 프로젝트도 진행하고 있어요.
시베리아의 영구동토층에서 발견된 매머드의 유전자를
가지고 하는 건데, 실제로 성공할지는 아직 아무도
모릅니다.

MC 인간   사람들이 동물 복제에 매달리는 이유는 무엇일까요? 비용과 노력이 만만찮게 들 텐데 말입니다.

양   인간이 얻을 게 많아서죠. 예를 들어, 사람 몸에서 거부 반응을 일으키지 않도록 만든 동물을 복제해 그 동물의 장기를 이식용으로 사용할 수 있습니다. 특히 돼지 장기는 사람의 장기와 아주 비슷해서 쓸모가 많다고 해요. 실제로 장기 이식용 미니 돼지는 이미 복제에 성공했습니다. 인간 입장에서는 이식을 위한 신장, 간, 심장, 폐 같은 장기가 늘 부족한 상황이니 이런 기술이 큰 희망이 될 수 있겠죠.

MC 인간   지금 얘기를 들으면서 생각해 보니 다른 용도로도 동물 복제가 아주 쓸모가 많겠는데요? 이를테면 육질이 더 부드러운 소나 우유가 더 많이 나오는 소를 만들어 대량으로 복제하면 맛 좋은 고기와 우유를 더욱 값싸게 먹을 수 있지 않을까요?

양   그렇습니다. 나아가 복제 기술로 우유의 성분을 바꿀 수 있다면 어떨까요? 만약 우유를 인간의 모유와 비슷하게 만들 수 있다면 우유의 가치가 훨씬 높아지지 않을까요. 상상력은 어디로든 뻗어 나갈 수 있습니다. 값비싼 의약품 성분이 든 젖이 나오는 염소나, 광우병 같은

125

전염병에 강한 소를 복제하는 것도 가능하겠죠. 이런 기술이 발달할수록 질병 치료에 필요한 물질을 더 싸게 많이 만드는 길이 열릴 겁니다. 멸종위기에 처한 동물을 보전하는 데도 도움이 될 거고요.

살리기 위한 기술이 만든 문제

MC 인간 지금까지 들었을 땐 동물 복제가 인간에게는 이로운 일처럼 보이는데요. 비판과 우려의 목소리가 커지는 이유는 무엇인가요?

양 빛이 밝을수록 그늘도 짙은 법이죠. 가장 큰 문제는 복제 성공률이 매우 낮다는 점입니다. 20종이 넘는 동물 복제에 성공했다지만, 이건 실험실에서 기술적으로 성공 사례가 나왔다는 것이지 동물 복제를 시도하는 대로 다 성공한다는 얘기가 아닙니다. 성공률은 대개 몇 퍼센트에 불과해요.

MC 인간 그렇다면 복제 과정에서 희생되는 동물들의 고통이 엄청나겠군요.

양 정확한 지적입니다. 우리 동물로서는 매우 심각한 문제죠. 또 하나 중요한 문제는 어렵게 복제에 성공한

동물들조차 건강하지 못해 정상적인 삶을 누리기
힘들다는 점입니다. 돌리 역시 예외가 아니었어요.
폐 질환을 앓다가 6살에 죽었거든요. 안락사를 했는데,
양의 평균 수명이 약 12살인 점을 고려하면 이른
죽음이었죠.
이렇듯 복제동물은 일반 동물보다 수명이 짧고,
질병이나 기형, 장애가 나타날 가능성도 높습니다.
다시 말해 복제동물은 안전성이 충분히 검증되지
않은 상태이기 때문에 위험하다고 할 수 있습니다.
이는 동물뿐 아니라 인간에게도 위협이 될 수 있어요.
인간에게 해로운 돌연변이 복제동물이 나타날 가능성도
있으니까요.

MC 인간 인간을 위해, 인간에 의해 태어난 동물이 그런 고통을
겪어야 한다니 마음이 아프네요.

양 게다가 요즘은 반려동물을 기르는 사람이 워낙 많다
보니 반려동물 복제 역시 큰 논란이 되고 있어요.
가족처럼 지내던 개나 고양이가 죽으면 깊은 슬픔과
상실감에 빠지는 사람들이 많죠. 이런 마음을 파고들어
반려동물을 복제해 주는 산업도 등장했습니다.
이 산업은 2015년 미국에서 시작돼 한국과 중국 등 여러

나라로 빠르게 퍼져 나갔어요.

문제는 앞서 말했듯 복제 성공률이 매우 낮다는 점입니다. 다시 말해 성공할 때까지 복제 시도를 반복해야 한다는 뜻이에요. 돌리의 복제 과정을 떠올려 보세요. 복제에 실패할 때마다 다른 암컷 개의 난자를 다시 꺼내야 하고, 복제된 새끼를 대신 낳을 또 다른 암컷 개도 구해야합니다. 실패가 거듭될수록 이 과정도 되풀이되겠죠.

동물보호 단체들은 복제 개 한 마리를 얻기 위해 난자를 꺼낼 개와 새끼를 낳을 개가 최소 20마리는 필요하다고 주장합니다. 더구나 개에게서 난자를 채취하려면 수시로 피를 뽑고 호르몬 검사 같은 괴로운 과정이 뒤따릅니다.

MC 인간　엄청난 고통일 것 같네요….

양　당연하죠. 게다가 개는 한 번에 보통 4~6마리를 낳습니다. 복제 대상으로 선택된 한 마리를 제외한 나머지 개들은 어떻게 처리할 것인가 하는 골치 아픈 문제가 생길 수밖에 없어요. 어렵게 태어난 복제 개라 해도 질병이나 장애를 앓거나 빨리 죽을 가능성이 높다는 점 또한 빠뜨릴 수 없고요.

MC 인간　반려동물을 오래 곁에 두고 싶은 마음이 굴뚝같아도 복제를 쉽게 선택해서는 안 되겠네요.

양   그렇죠. 인간들에게 묻고 싶습니다. 한 사람의 욕구를
채우기 위해 수많은 다른 동물을 고통에 빠뜨리면서까지
반려동물을 복제해야 할까요?

또 하나 하고 싶은 말이 있어요. 같은 체세포로 복제된
반려동물이라 해도 그 동물이 원래의 동물과 완전히
같지는 않아요. 외모나 성격이 유전자의 영향을 크게
받는 것은 사실이지만 환경과 경험, 우연 역시 중요한
요소입니다. 외모는 비슷해 보여도 성격이나 행동은
얼마든지 달라질 수 있죠. 복제동물이 기대와 달리 전혀
다른 존재처럼 느껴질 수도 있다는 말입니다.

무엇보다 인간 여러분이 반려동물을 사랑하는 진짜
이유가 무엇이냐고 묻고 싶어요. 그 사랑이 정말 유전적
특성 때문일까요? 결국 소중한 것은 함께한 시간과 기억
아닐까요. 동물 복제는 그런 시간과 기억까지 복제해
주진 못합니다.

MC 인간   잘 알겠습니다. 동물 복제에 얽힌 문제들이 하나같이
간단하지 않네요.

양   여러 문제 가운데서도 가장 깊이 생각해 봐야 할 건
윤리적 문제가 아닐까 싶어요. 돌리에게 아빠는 없고

엄마만 셋이라는 이야기에서 보듯, 동물 복제는 생명의
존엄성과 정체성에 혼란을 일으키고 자연의 본래 질서를
어지럽히는 문제죠. 엄연한 생명체인 동물을 인간을
위한 수단이나 도구로 다루고 있는 건 아닌지도 따져 볼
필요가 있고요.

동물 복제의 상업화를 우려하는 목소리도 큽니다. 예를
들어 반려동물 복제 비용은 수천만 원에서 많게는 1억
원이 넘기도 하더군요. 동물 복제가 돈벌이 사업으로
변질된다면 생명의 가치는 더욱 쉽게 훼손될 겁니다.

MC 인간 물론 기술이 더 발달하면 해결할 수 있는 문제들도
있겠지만 이런 근본적인 문제의식을 놓쳐서는 안
되겠다는 생각이 듭니다. 그럼 인간 복제에 관한
이야기도 잠깐 나눠 볼까요?

양 그러죠. 두말할 나위 없이 인간 복제는 동물 복제보다
문제가 훨씬 더 심각해요. 현재 원숭이 같은 영장류도
복제에 성공했으니 적어도 기술적인 측면에서는
인간 복제도 가능하다고 말할 수 있을 겁니다. 하지만
윤리적으로나 사회적으로 워낙 민감하고 중대한
사안이기 때문에 인간 복제를 법적으로 허용하는 나라는
단 한 곳도 없어요. 동물 복제가 그렇듯 인간 복제 역시

인간의 정체성과 존엄성을 망가뜨리는 아주 위험하고
무책임한 행위입니다.

자, 인간 여러분은 한번 생각해 보세요. 모든 사람은
과거에도 없었고 미래에도 없을 단 하나뿐인 고유한
존재죠. 그래서 누구나 생김새든 성격이든 능력이든,
자신이 어떤 사람인지 모르는 채 태어납니다. 그런데
복제 인간은 유전자가 미리 결정되어 있기 때문에 어떤
사람인지 어느 정도 예측된 상태로 태어납니다. 과연
이런 복제 인간이 온전한 인간으로서의 자격을 지녔다고
말할 수 있을까요?

MC 인간 그러게 말입니다. 인간 복제는 인간이라는 개념 자체를
뿌리째 뒤흔드는 행위라고 해야 할 것 같습니다.

양 극단적으로는 이런 경우도 상상해 볼 수 있어요. 만약
인간 복제가 가능하다면 죽은 사람도 생전에 체세포를
떼어 두었다가 죽고 나서 복제할 수 있지 않을까요?
이런 일이 실제로 벌어진다면 도대체 '죽음'이란 무엇이
될까요? 인간 복제는 인간의 개념과 생명의 본질뿐만
아니라, 삶과 죽음의 의미마저 근본적으로 어지럽힐
위험성이 매우 큽니다.

인간 여러분, 인간 복제는 세상을 파멸로 몰아넣을지도

131

모릅니다. 그런 위험하고 파괴적인 불장난의 유혹에
빠져들지 마세요.

MC 인간 동료 인간 여러분, 과학기술의 발전이 중요한 것은
사실이지만, 그만큼 겸손함도 필요합니다. 양의 경고를
마음에 새깁시다.
자, 이제 주제를 바꿔 복제 기술을 낳은 생명공학
분야에서 요즘 어떤 일이 일어나고 있는지
살펴보겠습니다. 사전 조사를 해보니 요즘
생명공학계에서 가장 뜨거운 이슈는 '유전자 가위
기술'이라더군요.

양 요즘은 유전자 가위를 모르면 생명공학을 안다고
말할 수 없어요. 유전자 가위 기술은 '유전자 편집
기술'이라고도 불리는데, 유전자의 특정 부위를 잘라 내
유전체, 즉 생명체가 지닌 유전 정보의 전체를 원하는
방향으로 바꿀 수 있는 기술을 말합니다. 원하는 표적을
정확하게 찾아내 유전자를 잘라 내고 다시 붙이는
방식이에요. 유전자의 특정 부위를 빼거나 달라지게 할

수도 있고, 잘린 자리에 다른 유전자를 넣거나 새로운
유전자로 바꿀 수도 있죠. 이 기술을 개발한 과학자들은
2020년 노벨화학상을 받았어요.

MC 인간 그렇다면 이 놀라운 기술은 주로 어디에 활용되나요?

양 이 기술은 유전자의 특정 부분을 콕 집어 찾아내서
'편집'할 수 있기 때문에 원하는 일을 아주 정확하고
빠르게, 게다가 저렴한 비용으로 해낼 수 있습니다.
그래서 다양한 분야에서 요긴하게 쓰이죠.
예를 들면 유전성 난치병을 예방하거나 치료하고, 암
치료 방법을 개선하는 데 활용할 수 있어요. 또 동물의
장기를 인간에게 이식하거나 말라리아를 옮기는 모기를
퇴치하는 일에서도 중요한 역할을 할 수 있고요.
식량 생산에도 큰 도움이 됩니다. 작물의 수확량을
늘리거나 맛을 더 좋게하고, 농약에도 잘 견디도록 만들
수 있죠. 동물 품종을 개량해 더 많은 고기나 젖, 더
고급스러운 털을 손쉽게 대량으로 얻을 수도 있어요.

MC 인간 그렇게 다양한 잠재력을 지닌 기술이라면 우리 인간들이
마구 사용하고 싶은 유혹을 떨치기 어렵겠군요. 하지만
분명 위험과 부작용도 있겠죠?

양 하하, 말을 꺼내기도 전에 벌써 걱정을 하는군요. 이

기술의 가장 큰 문제는 편집의 안전성이 아직 충분히
보장되지 않는다는 점입니다. 목표로 삼지 않은 유전자
부위를 잘못 자를 위험이 있다는 뜻이에요. 그렇게
되면 유전자를 엉뚱하게 조작하는 결과를 낳게 됩니다.
원하는 효과는커녕 심각한 문제를 불러올 수도 있죠.
또 하나 두려운 점은 이른바 '맞춤 아기'가 탄생할
가능성입니다.

MC 인간　맞춤 아기요? 맞춤 구두도 아니고 그게 뭔가요?

양　맞춤 아기란 태어나기 전에 유전자를 인위적으로 조작해
특정한 유전적 특성을 갖도록 만든 아기를 말합니다.
이 기술을 이용하면 사람의 능력과 관련된 유전자를 더
나은 방향으로 바꾸거나 새로운 유전자를 추가할 수도
있어요.
예를 들어 지능이나 운동 능력을 높이고, 키를 크게
하거나 외모를 아름답게 만드는 유전자 같은 것들
말입니다. 말하자면 아기가 태어나기 전에 '좋은 조건'을
갖추도록 설계하는 일이에요. 더 단순하게는 뼈를
튼튼하게 하거나 근육 성장을 조절하고, 지구력을
높이는 것도 포함될 수 있어요.

MC 인간　그렇다면 공장에서 물건을 주문받아 맞춤형으로

생산하는 것처럼 사람도 미리 설계해 제작하는 것과
다를 바 없겠군요?

양 그렇죠. 물론 맞춤 아기가 부모의 유전 질환을 피하려는
긍정적인 목적으로 만들어질 수도 있습니다. 하지만
이 기술이 널리 사용되기 시작하면 현실에서는 부모가
자식에게 더 뛰어난 능력이나 더 아름다운 외모를
물려주기 위해 이 기술을 사용하려는 유혹에 빠질
위험이 크다는 게 문제예요.
이것이 바로 현대 과학기술이 지닌 속성이죠. 한번
사용되기 시작한 기술은 그 위험을 알면서도 멈추거나
통제하기가 쉽지 않아요. 비탈길에서 굴러 내려가는
공을 멈춰 세우기 어렵듯이 말입니다.

MC 인간 몸이 오싹해지는데요? 맞춤 아기가 불러올 문제들을
주의 깊게 살펴봐야겠습니다.

양 그게 현명한 태도죠. 먼저 불평등 문제를 짚고
싶습니다. 맞춤 아기 방식으로 사람의 능력이나 외모가
결정된다면, 그런 사회는 출발선부터 이미 공정할 수
없겠죠. 이처럼 태어나기도 전에 인위적으로 조작된
유전자가 한 사람의 인생을 좌우하는 세상을 '유전자
계급 사회'라고 불러요. 첨단 유전자 조작 기술을

135

자유롭게 사용할 수 있는 사람은 결국 경제적으로
여유 있는 사람들일 가능성이 큽니다. 그렇게 되면
인간 사회는 유전적으로 유리한 사람들과 그렇지 못한
사람들도 계급이 나뉘게 되겠죠.

또 하나 중요한 질문이 있습니다. 맞춤 아기처럼
인공적으로 '완벽한' 유전자를 갖춘 사람이 과연
진정으로 행복할까요? 인간 여러분, 참된 행복이란
무엇일까요? 사람마다 다르겠지만, 고단한 현실을
극복하며 무언가를 이루어 가는 성취감, 고난과
악조건을 이겨 내며 꿈과 소망을 실현해 나가는 과정
속에서도 충분히 행복을 느낄 수 있지 않을까요?
노력해서 성적이 오르고, 피땀 흘려 훈련한 끝에 뛰어난
운동선수가 되는 것, 그것이 인간으로서 익혀야 할 삶의
방식이 아닐까요?

MC 인간　맞아요. 인간은, 그리고 인간의 삶은 단순히 유전자로
바꿀 수 있는 것이 아니죠. 제 생각에 맞춤 아기는 사람이
살아가는 데 소중한 의미를 지니는 노력, 의지, 도전
같은 가치를 가볍게 여기거나 비웃음거리로 만들어 버릴
위험이 커 보입니다.

양　그런데 솔직히 말해 인간들을 믿기 어렵습니다. 맞춤

아기가 겉으로는 충격적이고 문제가 심각하다고
말하면서도, 마음속 한편에서는 내 자식만큼은 좋은
조건을 다 갖춘 맞춤 아기로 만들고 싶다는 은밀한
욕망이 꿈틀거리고 있지는 않나요?

MC 인간　인간의 약한 지점을 날카롭게 찌르는군요. 그런 욕망과
유혹이 우리 인간에게 상당히 강한 힘을 발휘하는 건
사실입니다. 그래서 더더욱 스스로를 돌아보고, 늘
조심하며 경계해야겠다는 생각이 듭니다.

양　실제로 2018년 중국에서 허젠쿠이라는 과학자가 유전자
가위 편집 기술을 이용해 쌍둥이 아기를 탄생시킨
사건이 있었어요. 세계 최초의 유전자 편집 아기였죠.
아기들의 아버지가 에이즈 바이러스를 지니고 있었는데,
아기가 에이즈에 감염되지 않도록 특정 유전자를
제거하는 방식이 사용됐습니다. 이 쌍둥이도 맞춤
아기라고 볼 수 있어요.
이 사건으로 허젠쿠이는 생명윤리를 심각하게
훼손했다는 거센 비판을 받았고, 급기야 불법 의료
행위를 저질렀다는 혐의로 3년간 감옥에 갇히기도
했습니다. 인간 사회의 더 큰 혼란과 위험을 막으려면
생명윤리를 확고히 지킬 수 있는 법과 제도를 탄탄히

137　　　　　　　　　　　　　　　　

마련해야 해요. 무엇보다 그 바탕이 되는 생명 가치를
소중히 여기는 생각이 사회 전반에 깊이 뿌리내려야
하고요.

MC 인간 이야기가 자연스럽게 과학기술에 대한 성찰로
이어지는군요. 그렇다면 우리 인간은 과학기술을 어떤
태도로 대해야 할까요?

양 과학기술의 발전은 인간에게 엄청난 이익과 혜택을
안겨 주었습니다. 물질적으로 풍요로워졌고, 경제와
산업은 성장했으며, 생활은 한층 편리하고 효율적으로
바뀌었죠. 지식과 정보도 눈에 띄게 늘어났습니다.
하지만 이제 인간은 과학기술의 힘으로 자신이 원하는
생명체까지 마음대로 만들어 낼 수 있는 경지에
이르렀어요. 생명을 창조하고 지배하는, 이른바 '신의
영역'에 성큼 들어서고 있는 셈이겠죠.
물론 생명공학 기술을 좋은 방향으로도 활용할 수
있어요. 오염된 강을 정화하는 박테리아, 값싼 자동차
연료를 생산하는 생물, 희귀한 약물을 대량으로
생산하는 생물 공장 같은 것들이 그 예입니다. 하지만
과학기술의 거침없는 질주는 조심해야 해요.

MC 인간 사실 현대 첨단 과학기술의 발전 모습이 오직 직진만

하는 폭주 기관차처럼 느껴지기도 합니다. 모든 것을 알아내고 지배하고 통제하려는 인간의 끝없는 탐욕과 오만, 바로 그것이 문제의 뿌리가 아닐까 싶습니다. 이제 마칠 시간이 다가왔네요. 마무리 발언을 부탁합니다.

양　솔직히 무서워요. 특히 복제 양 돌리의 탄생과 죽음을 보면서 우리 같은 동물들이 갈수록 더 기괴한 방식으로 인간이 만들어 낸 과학기술의 희생양이 되는 건 아닌가 하는 두려움이 커졌습니다.

생명공학을 비롯한 과학기술은 양날의 칼이에요. 칼은 음식을 만들 때는 꼭 필요한 요리 도구지만, 사람을 해칠 때는 흉악한 범죄 도구로 돌변하죠. 동료 인간 여러분, 이 칼을 마구 휘두르지 말고 현명하고 신중하게 잘 사용하시기 바랍니다.

MC 인간　좋은 말씀 고맙습니다. 수고 많으셨습니다.

현대 과학기술은 하나의 문제를 해결하는 동시에 더 큰 문제를 일으킬 때도 많아. 이를 잘 보여 주는 예가 과학기술 발전이 환경에 미치는 영향이야. 인간은 과학기술의 힘으로 자연 상태에서는 존재하지 않는 새로운 인공 물질을 만들어 낼 수 있게 되었어. 그런데 이런 물질이 자연으로 나오면 심각한 환경 파괴가 일어난다는 점이 문제야. 몇 가지 사례를 살펴보자.

오늘날 플라스틱은 환경 재앙을 일으키는 대표적인 원인 가운데 하나잖아. 하지만 동시에 플라스틱은 현대인의 필수품으로 일상 곳곳에서 매우 유용하게 쓰이고 있지. 여기서 한번 생각해 볼 필요가 있어. 플라스틱은 과학기술 발전의 산물이야. 생물학적으로 잘 분해되지 않는 물질을 만들겠다는 과학기술의 목적은 분명 훌륭하게 달성했지. 그런데 그 결과는 엄청난 플라스틱 쓰레기라는 생태적 재앙으로 되돌아왔어. 목적의 달성, 즉 '성공'이 오히려 '실패'로 바뀐 셈이야.

살충제도 마찬가지야. 살충제는 인간을 괴롭히거나 농사를 망치는 해충을 손쉽게 없앨 수 있게 해줬지. 이런 살충제 개발은 분명 과학기술의 빛나는 성과라고 할 수 있어. 하지만 인간과 자연 생태계에 미치는 심각한 피해가 뒤따랐지. 그 결과 살충제의 대명사처럼 여겨졌던 DDT는 1970년대에 세계 대부분의 지역에서 사용이 금지됐어.

지금 우리 주변에 널리 퍼져 있는 유전자 변형 식품, 즉 GMO도 이와 비슷한 길을 걷고 있어. 생명공학 발전의 산물인 GMO 덕분에 작물 생산량이 늘어난 건 사실이야. 하지만 GMO가 일으키는 생태계 파괴와 교란, 건강과 안전에 대한 위협을 둘러싼 우려는 여전히 끊이지 않고 있어. 게다가 유전자 조작 씨앗과 그에 맞는 농약을 개발해 큰돈을 번 거대 기업들은 GMO를 무기 삼아 농업과 농민을 점점 더 강하게 지배하고 있어.

문제는 극소수의 기업들이 먹거리를 장악할수록 인류의 생존과 안녕이 위협받을 수 있다는 거야. 기업의 가장 큰 목적은 생명이나 삶을 지키는 게 아니라 돈벌이, 다시 말해 이익에 있기 때문이지. 이렇게 성공이 곧 실패로 이어지는 문제는 플라스틱이나 살충제, GMO만의 것이 아니야. 이는 현대 과학기술이 지닌 보편적 속성이라고 할 수 있어.

멸종위기동물 호랑이

"생물 다양성이 사라지면
인간도 멸종할지 몰라요"

현재 지구상에 존재하는 생물종의 수는 870만 종 정도로 알려져 있다. 많게는 수천만 종에 이를 것으로 추정하는데, 정확한 수치를 알기는 어렵다. 이 가운데 확인된 생물종은 약 200만 종에 불과하다. 생물종이 가장 다양하게 분포한 곳은 열대 지역으로, 전 세계 생물종의 약 50~80퍼센트가 집중되어 있다. 특히 열대우림에는 지구 생물종의 약 절반이 살고 있다.

'산군(山君)'이라는 말을 들어 봤나요? 산짐승의 왕이라는 뜻으로, 우리나라에서 전통적으로 호랑이를 가리키는 말입니다. 호랑이는 한국을 대표하는 동물이자 우리나라 사람들이 가장 좋아하는 동물 가운데 하나로 손꼽히죠. 우리 조상들은 호랑이를 두려워하면서도 우러러보았고, 친근함을 느꼈습니다. 그래서 우리나라 건국 신화인 단군신화를 비롯해 수많은 옛이야기에 호랑이가 등장합니다.

그런데 안타깝게도 이런 호랑이는 현재 전 세계적으로 멸종위기에 처해 있습니다. 호랑이는 아시아 곳곳의 밀림과 습지에서 사는데, 현재는 야생에 5,500여 마리만 살고 있습니다. 100년 전만 해도 10만 마리가 넘게 있었다고 하니 그사이 무려 95퍼센트가량 줄어든 거죠. 본래 호랑이는 모두 아홉 종류였지만 그중 세 종류는 이미 멸종했고 지금은 여섯 종류만 남아 있습니다.

우리나라 상황은 어떨까요? 안타깝게도 우리나라에서는 이미 호랑이가 멸종했습니다. 국토의 약 70퍼센트가 산지라 과거에는 호랑이가 제법 많이 살았지만, 1996년 정부가 공식적으로 호랑이 멸종 사실을 발표했습니다. 그나마 서식지가 덜 훼손된 북한 지역에는 최대 20마리 정도가 아직 남아 있다고 알려져 있습니다. 오늘 호랑이를 초대한 것도 바로 이런 현실에서 멸종위기에 처한 동물과 생물 다양성에 관한 이야기를 나눠 보기 위해서입니다. 반갑습니다. 어서 오십시오.

지구에서 사라지는 생명들

MC 인간 한국에서 멸종된 호랑이를 이 자리에 초대할 수 있어 정말 뿌듯합니다. 한편으로 호랑이를 코앞에서 보자니 몸이 벌벌 떨리네요. 아이고, 이거 무서워서 인터뷰를 어떻게 진행해야 할지….

호랑이 어흥, 거참 겁도 많네요. 호랑이가 동물의 왕이니 무서워하는 것도 당연하죠. 하지만 오늘은 멸종위기 동물을 대표해 점잖은 인터뷰 자리에 나온 것이니 괜한 걱정은 말고 마음 편히 가지세요. 어흥.

MC 인간 아, 알겠습니다. 다만 그 '어흥' 소리는 되도록 내지 말아 주세요. 무서움이 도망가다가도 홱 돌아오니까요. 그럼

이야기를 시작해 보겠습니다. 먼저, 현재 생물종 멸종이 어느 정도로 심각한 상황인지부터 말씀해 주시죠.

호랑이 멸종이란 한 생물종이 지구상에서 영원히 사라지는 걸 말합니다. 보통 50년 이상 관찰되지 않으면 멸종한 것으로 보죠. 과학자들에 따르면 현재 생물종의 멸종 속도는 인간이 지구에 출현하기 이전과 비교해 무려 1,000배 가까이 빠르다고 합니다. 속도뿐만 아니라 규모도 엄청나고요.

멸종위기 생물종 평가에서 가장 권위가 높은 국제자연보전연맹(IUCN)의 최근 조사 결과가 이를 잘 보여 줍니다. 2023년 약 15만 종의 생물종을 분석하고 평가한 결과, 그중 약 28퍼센트가 멸종위기 판정을 받았거든요. 유엔은 최근 100년 동안 사라진 생물종의 수가 과거 1만 년에 걸쳐 멸종된 규모와 맞먹는다고 밝히기도 했어요.

MC 인간 정말 심각하군요. 그래서인지 요즘 '제6의 대멸종'이 진행되고 있다는 말이 자주 나오던데, 정확히 어떤 의미인가요?

호랑이 그 이야기를 하려면 먼저 '대멸종'이 무엇인지부터 알아야겠죠. 대멸종이란 비교적 짧은 기간에 넓은 지역에서 생물들이 급격하게 사라지는 현상을 말합니다.
보통 지구에 존재하던 전체 생물종의 4분의 3 이상이
사라질 때를 가리켜요. 지구 역사상 이런 대멸종은
지금까지 다섯 차례 있었습니다.

그 가운데 가장 잘 알려진 것은 약 6,600만 년 전 중생대
백악기 말에 발생해 공룡을 멸종시킨 대멸종입니다.
당시 바다와 육지를 통틀어 전체 생물의 약 75퍼센트가
사라졌어요.

규모 면에서 가장 컸던 건 약 2억 5,200만 년 전 고생대
페름기에 일어난 세 번째 대멸종입니다. 해양 생물의 약
96퍼센트, 육지 생물의 약 70퍼센트가 사라진 것으로
알려져 있죠. 그런데 많은 전문가가 바로 지금, 여섯 번째
대멸종이 진행되고 있다고….

MC 인간 잠깐만요. 중간에 끼어들어서 죄송한데, 과거에 그런
대멸종이 일어났던 원인을 짚고 넘어가는 게 좋을 것
같습니다.

호랑이 아, 그럴까요? 중생대 백악기 말 대멸종은 우주를 떠돌던
거대한 소행성이 엄청난 속도로 지구와 충돌한 것이
가장 큰 원인이었습니다. 충돌 지점은 중앙아메리카
멕시코의 유카탄반도였어요. 이 충격으로 강력한

열폭풍과 함께 대규모 지진과 화산 폭발, 쓰나미 등이
연달아 일어나면서 대멸종 사태로 이어졌죠.
고생대 페름기 대멸종의 경우에는 시베리아 지역에서
일어난 대규모 화산 폭발이 원인이었어요. 그 바람에
주변 수백 킬로미터에 이르는 지역이 용암에 잠겼고,
지구의 대부분은 화산재로 뒤덮였다고 해요. 그 결과
지구의 평균 기온이 약 6도나 상승하며 산소 농도가 크게
줄어들었죠.
전문가들은 과거 다섯 번의 대멸종이 공통적으로 급격한
기후 변화, 산소 농도 하락, 대기와 해양 산성화 등과
관련이 깊다고 봅니다.

MC 인간　과거의 대멸종은 어쨌든 자연현상이라고 볼 수
있겠네요. 소행성 충돌이나 화산 폭발은 인간과
관계없이 자연이 하는 일이니까요. 반면 지금 벌어지고
있는 여섯 번째 대멸종은 사정이 전혀 다른 것 같습니다.

호랑이　날카로운 지적입니다. 지금의 대멸종은 과거와 달리
거의 전적으로 인간 활동의 결과로 일어나고 있어요.
여기에 더해 멸종이 진행되는 속도 또한 과거 어느
때보다 훨씬 빠르다는 점이 결정적인 차이죠. 바로
이것이 멸종 문제의 핵심이라고 할 수 있습니다.

MC 인간 대멸종을 불러오는 인간 활동에는 어떤 것들이 있나요?

호랑이 대표적인 원인으로는 급격한 기후변화, 무분별한 개발에
따른 생물 서식지 파괴, 동물을 과도하게 잡는 행위,
독성 화학물질이 일으키는 환경오염, 외래종 유입으로
인한 생태계 교란 등이 있습니다. 인간의 책임이 얼마나
큰지는 오늘날 지구촌 최대의 환경 재앙으로 꼽히는
기후위기만 봐도 알 수 있죠. 화석연료를 흥청망청
쓰면서 온실가스를 지나치게 배출한 결과가 바로
기후위기니까요.

MC 인간 대멸종의 여러 원인 중에서도 기후위기는 전 지구적
차원에서 중대한 문제인 만큼 멸종에 어떤 영향을
미치는지 조금 더 자세히 살펴볼 필요가 있겠습니다.

호랑이 그러죠. 이해하기 쉽게 동료인 벵골호랑이 이야기를
해볼게요. 벵골호랑이는 인도양 벵골만 연안에
펼쳐진 숲과 습지에 3,000~4,500마리 정도가 서식하고
있습니다. 이들 역시 다른 호랑이들처럼 멸종위기로
내몰리고 있죠. 그런데 최근 기후위기가 깊어지면서
바닷물 수위도 점점 높아지고 있습니다. 이는 곧 벵골

호랑이들이 살아가는 해안 서식지가 바닷물에 잠겨 점차
사라지고 있다는 뜻이에요.

MC 인간 동료 호랑이들이 갈수록 안절부절못하고 불안에
떨겠군요.

호랑이 당연하죠. 소식을 들어 보니 그 벵골 친구들은
기후위기를 일으킨 건 인간들인데 왜 죄 없는 자신들이
죽어 나가야 하느냐며 부글부글 끓고 있다더군요.
자, 기후위기가 낳는 또 다른 문제를 생각해 봅시다.
기후위기의 영향으로 큰 산불이 자주 나거나, 초원이던
지역이 사막으로 바뀐다면 원래 그곳에서 살던 생물들은
어떻게 될까요? 기후가 갑자기 변하면 짝짓기를 하거나,
알이나 새끼를 낳거나, 꽃을 피우는 것과 같은 중요한
번식 활동의 시기에 혼란이 일어납니다.
기후위기는 이처럼 다양한 방식으로 생물의 생존 기반을
무너뜨립니다. 그래서 세계자연기금(WWF)이라는 국제
환경단체는 기후변화라는 하나의 요인만으로도 이번
세기 안에 지구 생물종의 약 5분의 1이 멸종위기에 처할
수 있다고 경고한 바 있어요.

멸종은 정말 나쁘기만 할까?

MC 인간 그동안 기후위기가 사람에게 미치는 피해만 걱정했는데 다른 생물들에게도 보통 큰일이 아니라는 걸 실감하게 됩니다. 그런데 한 가지 궁금한 점이 있어요. 조금 삐딱한 질문일 수 있지만, 멸종이라는 게 꼭 나쁘기만 한 일일까요?

호랑이 꼭 그렇지만은 않아요. 멸종은 새로운 생명 탄생의 출발점이 되기도 하니까요. 지구가 탄생한 지 약 46억 년, 생명이 탄생한 지 약 38억 년에 이르는 진화의 역사에서 멸종은 그리 특별한 사건이 아니었습니다. 멸종과 새로운 생명의 탄생이 서로 교차하며 반복되어 온 과정 자체가 바로 생명 진화의 역사였죠.

그러나 지금의 대멸종이 심각한 문제인 이유는, 앞서 말했듯이 자연이 아니라 인간이 일으킨 결과라는 점, 그리고 멸종의 속도가 자연의 속도에 비해 너무나도 빠르다는 점에 있어요. 그만큼 지구와 생태계에 미치는 영향도 크고 파괴적일 수밖에 없습니다.

MC 인간 그런데도 어떤 사람들은 "그 많은 생물 가운데 몇 종이 사라진다고 해서 나랑 무슨 상관이 있느냐, 그게 뭐

그리 큰 문제냐"라고 말하며 무관심한 태도를 보이기도
합니다. 그런 사람들에게 어떤 이야기를 들려줘야
할까요?

호랑이 늘 똑똑한 척하는 인간들이 그런 무식한 소리를
하다니…. 그런 사람들에게는 꿀벌 이야기를 해주는 게
좋겠습니다. 현재 꿀벌은 환경오염과 기후변화, 질병
확산 등의 영향으로 급속히 사라지고 있어 이미 전 세계
꿀벌의 약 30~40퍼센트가 줄어든 것으로 추정되는데요.
이 추세가 계속되면 2035년쯤 멸종할 수 있다는
우려까지 나오고 있죠. 이와 관련해 아인슈타인이라는
과학자가 이런 말을 했어요. "지구상에서 꿀벌이
사라진다면 인류도 4년 안에 사라질 것이다." 진짜로 그
사람이 한 말인지 확인된 바 없다고는 하던데 어쨌거나
그 말에 담긴 의미만큼은 결코 과장이 아닙니다.

MC 인간 아인슈타인이라면 인류 역사상 손꼽히는 과학자니 허튼
말은 아닐 것 같습니다만….

호랑이 거, 자꾸 중간에 말 끊지 말고 끝까지 들어 보세요.
그 말이 과장이 아닌 이유는 인간들이 먹는 식량의
약 90퍼센트를 차지하는 100대 주요 농작물 가운데
무려 71퍼센트의 수분, 그러니까 꽃가루받이를

꿀벌이 담당하고 있기 때문입니다. 식물의 수술에
있는 꽃가루가 암술머리로 옮겨 붙는 이 수분 과정이
이루어지지 않으면 씨앗이 만들어질 수 없잖아요. 다시
말해 식물의 번식 자체가 불가능해지는 거죠.
결국 꿀벌이 사라지면 인간이 먹고 살아갈 식량
대부분을 생산할 수 없게 된다는 뜻입니다. 생물 멸종은
인간과 관계없는 사소한 문제가 아니라, 인간 여러분의
목숨이 달린 중대한 문제예요.

MC 인간 오, 꿀벌이 그렇게까지 소중한 존재인지는 미처
몰랐네요. 그런데 다른 동식물도 다 마찬가지 아닐까요?

호랑이 맞아요. 여기서 중요한 점은 꿀벌 같은 곤충이 있어야
식물이 씨앗을 맺을 수 있고, 동시에 꿀벌 역시
식물 없이는 살아갈 수 없다는 사실입니다. 꿀벌은
식물이 내어 주는 꿀을 먹어야 생존할 수 있으니까요.
이렇듯 모든 생명은 서로 연결되어 있고 서로 도우며
살아갑니다. 이것이 바로 생명 세계의 참모습이죠.
그래서 멸종이란 단순히 하나의 생물종이 사라지는
데서 끝나는 문제가 아니에요. 서로 얽혀 있는 생명
세계 전체의 그물망에 '구멍'이 뚫렸다는 뜻입니다.
이런 이유로 생물 멸종은 자연 전체가 붕괴되고 있음을

알리는 신호이자 강력한 경고입니다.

우리를 지키는 생물 다양성

MC 인간   오늘 덕분에 자연 공부, 생명 공부를 제대로 하네요. 내친김에 조금 더 깊이 들어가 보겠습니다. 멸종 이야기는 자연스럽게 생물 다양성 문제로 이어지는데요. 생물 다양성을 잘 보존하면 대멸종 같은 비극을 막을 수 있기 때문이죠. 하지만 많은 사람이 생물 다양성이 무엇인지, 또 왜 중요한지에 대해서는 그저 막연하게만 알고 있는 것 같습니다.

호랑이   간단히 말하면 생물 다양성은 자연이 얼마나 건강한지를 보여 주는 가장 분명한 기준입니다. 그 이유를 이해하려면 생물 다양성에 세 가지 종류가 있다는 사실을 먼저 알아야 해요. 바로 종 다양성, 유전자 다양성, 생태계 다양성입니다.

먼저, 종 다양성이란 한 지역에 얼마나 다양한 생물종이 살아가고 있는지를 뜻합니다. 일정한 공간에 다양한 종이 공존할수록 그 생태계는 안정적이고 건강하다고 볼 수 있어요. 먹이사슬이 복잡하게 얽혀 있기 때문에 자연재해나 환경오염 등으로 특정 종 몇 개가 사라져도 이를 대신할 다른 종이 있기 마련이에요. 그 덕분에 생태계의 균형과 조화가 유지되는 거죠. 반대로 종이 지나치게 단순한 생태계는 한 번의 충격에도 치명적인 피해를 보기 쉽습니다.

MC 인간 다양한 음식을 골고루 먹는 게 편식하는 것보다 건강에 좋은 이유와 비슷한 이치네요.

호랑이 그렇죠. 다음은 유전자 다양성입니다. 지금 지구상에는 약 82억 명의 인간이 살고 있다고 하더군요. 그런데 그 많은 사람 중에 서로 완전히 똑같은 사람은 단 한 명도 없습니다. 만약 이 82억 명의 유전자가 모두 같다면 어떤 일이 벌어질까요? 유전자가 같다는 건 환경 변화에 대응하는 방식도 같다는 뜻입니다. 그러니 치명적인 전염병 같은 인간에게 불리한 환경 변화가 한 번만 닥쳐도 인류 전체가 대재앙을 피하기 어려울 겁니다.

MC 인간 그러니까 유전적 다양성이 높을수록 외부 변화의 충격에 더 잘 대응할 수 있고, 그 결과 생물종이 오래도록 생존하고 번식하는 데 유리하다는 말이군요.

호랑이 바로 그겁니다. 마지막 세 번째는 생태계 다양성이에요. 생태계란 어떤 지역에서 서로 관계를 맺으며 상호

작용하는 생물과 환경 전체를 가리킵니다. 산, 하천,
갯벌, 해양, 사막, 농경지 등은 모두 서로 다른 생태계죠.
생태계가 다르다는 것은 곧 서식 환경이 다르다는
뜻이니, 그 안에 사는 생물종 역시 달라집니다. 따라서
생태계가 다양할수록 종 다양성과 유전자 다양성도
함께 높아집니다. 바다라는 하나의 생태계만 존재하는
세상보다 바다와 숲, 산과 들, 강과 갯벌이 함께 어우러진
세상이 훨씬 더 건강하다는 건 두말할 필요 없겠죠?

MC 인간 말씀을 듣고 보니 이 세 가지 다양성이 서로 맞물려
하나의 큰 체계를 이루고 있다는 게 잘 느껴집니다.
다양한 것이야말로 건강하고 아름답고 풍요롭고
강하다는 사실도 새삼 확인하게 되고요. 그렇다면 이런
생물 다양성이 자연뿐 아니라 인간에게도 왜 중요한지
설명해 주시겠습니까?

호랑이 인간 여러분이 생생하게 이해할 수 있도록 경제적
가치나 실생활과 관련된 이야기부터 하면 좋겠군요.
요즘은 생물 그 자체가 값진 자원입니다. 생물 다양성이
높을수록 인간은 그 생물들이 주는 여러 혜택을 더 많이
누릴 수 있으니까요. 몇 가지 사례를 들어 보죠.
먼저, 많은 의약품의 원료는 생물에서 나옵니다. 예를

들어 은행나무 잎에는 혈액 순환을 돕는 성분이 들어
있고, 버드나무에서는 아스피린의 원료가 나옵니다.
아스피린은 해열진통제로 쓰일 뿐 아니라 심근경색이나
뇌졸중 같은 심각한 병에도 효과가 있는 것으로 알려져
있죠. 주목나무 껍질에서는 항암제 성분이 나오고,
지렁이에서는 혈전, 즉 혈관 속에서 굳은 핏덩어리를
녹이는 물질이 추출됩니다. 개구리 피부에서는 항생제
성분이 나오기도 하고요. 그리고 또….

MC 인간   들자 하니 그런 예를 들자면 한도 끝도 없겠습니다.

호랑이   그렇죠. 그래서 여기서는 미국 국립 암연구소의 연구
결과 하나만 간략히 소개하겠습니다. 이 연구에 따르면
지구상에는 암세포를 물리치는 효능을 지닌 식물이
3,000종이 넘는데, 그 가운데 약 70퍼센트가 열대우림에
서식하고 있다고 해요. 생물 다양성이 풍부한 동식물
생태계야말로 '천연 약국'인 셈이죠.
따라서 생물종이 줄어든다는 건 인간의 건강과 질병
치료에 큰 도움을 주는 물질들이 함께 사라진다는
뜻이에요. 이는 돈으로는 따질 수 없는, 생물 다양성만이
지닌 독보적인 가치입니다.

MC 인간   모든 생물에게 우리 인간이 진심으로 감사 인사를

전해야겠다는 생각이 듭니다. 그런데 말이죠, 생물의 가치를 꼭 인간에게 어떤 쓸모가 있느냐는 기준으로만 따지는 건 지나치게 인간 중심적인 태도가 아닐까요? 모든 생명은 인간에게 도움이 되는지와 상관없이 그 자체로 소중한 존재 아닌가요?

호랑이　와우, 멋진 말입니다. 이기적이기로는 누구에게도 뒤지지 않는 인간이 그런 기특한 이야기를 하다니 아주 흐뭇하네요.

사회도 바뀌고, 삶도 바뀌어야 해

MC 인간　하하, 인간을 너무 나쁘게만 보지 마세요. 자, 그럼 다음 질문으로 넘어가겠습니다. 이렇게 소중한 생물 다양성을 지키려면 우리는 무엇을 어떻게 해야 할까요?

호랑이　기본적으로 아까 이야기한 대멸종의 원인이 되는 인간 활동을 줄여야 합니다. 기후위기를 막기 위해 화석연료 사용과 온실가스 배출을 줄이고, 생물들의 서식지를 지키기 위해 무분별한 개발을 멈추고, 생태계 회복을 위해 오염물질 배출을 줄여야 하죠.

하지만 더 깊이 들여다볼 문제는 인간들이 왜 이런

파괴적 행동을 끊임없이 반복하느냐는 겁니다. 두 가지
이유를 꼽고 싶군요.

첫째는 끝없는 경제 성장과 물질적 풍요를 추구하는
지금의 사회·경제 시스템입니다.

둘째는 더 편리하고 더 안락한 삶을 끝없이 좇는 인간
개개인의 생활 방식이에요.

첫째가 구조적 문제라면, 둘째는 개인 차원의 문제라고
할 수 있겠네요. 이 두 가지를 바꾸지 않으면 상황은
달라지기 어렵습니다.

MC 인간 사회의 틀과 개인의 삶 모두가 함께 변해야 한다는,
원칙적이지만 아주 중요한 말씀을 해주셨네요. 그렇다면
실제로 생물종 보존이나 서식지 복원에 성공한 사례도
있을 텐데요. 그런 사례들에서 우리는 어떤 교훈을 얻을
수 있을까요?

호랑이 성공 사례는 생각보다 많습니다. 예를 들어 여러분이
사는 한국만 해도 멸종됐다가 큰 노력을 들여 복원에
성공한 생물종이 여럿 있어요. 반달가슴곰, 황새, 여우,
따오기 등이 그 주인공이죠. 이 자리를 빌려 복원에 힘쓴
인간 여러분께 동물을 대표해 감사 인사를 전합니다.
서식지를 복원한 사례로는 경기도 서해안의 시화호라는

인공 호수를 들 수 있어요. 시화호는 원래 바다였는데, 1980년대 말부터 1990년대 중반까지 거대한 방조제를 쌓아 바닷물을 막고 민물 호수로 만들었습니다. 인근의 간척지에서 농사짓는 데 쓸 물을 대기 위해서였죠.

MC 인간　바닷물을 막아 버리면 호수의 물이 고여 썩지 않나요? 보나 마나 주변 도시에서 오염된 물이 계속 흘러들어 올 텐데요.

호랑이　그렇습니다. 실제로 시화호는 오염이 심해지면서 생물이 살 수 없는 '죽음의 호수'로 변해 갔습니다. 그러니 별다른 수가 있나요? 할 수 없이 방조제의 갑문을 열어 바닷물이 다시 드나들게 할 수밖에 없었죠. 그러자 호수에 숨통이 트이기 시작했습니다.

애초의 민물 호수 계획을 완전히 접고, 바닷물 호수로 관리하기 시작했습니다. 동시에 인공 습지를 만들고 철저한 수질 정화와 오염 관리 사업을 펼쳤고요. 그 결과 시화호는 점차 생기를 되찾았고, 물새를 비롯한 떠났던 수많은 생물이 다시 돌아오고 있습니다.

이 사례는 자연은 인간이 억지로 바꾸기보다 본래의 모습에 가깝게 두었을 때 가장 건강하고, 그럴 때 생물들도 함께 번성할 수 있다는 사실을 분명하게 보여 줍니다.

MC 인간　우리나라에 그런 일이 있었다는 걸 몰랐다는 게
부끄럽네요. 아무튼 흥미로운 이야기 잘 들었습니다.
다른 나라의 사례도 소개해 주시겠습니까?

호랑이　사례는 아주 많지만 그중에서도 늑대 이야기가
재밌겠군요. 미국 중서부에는 1872년 세계 최초의
국립공원으로 지정된 옐로스톤 국립공원이 있습니다.
이곳에서는 사슴이나 영양 같은 초식동물이 뛰노는
모습을 보며 많은 사람이 즐거워했어요. 그래서
1910년대에 이 동물들을 잡아먹는 늑대를 모두 없애는
정책을 대대적으로 펼쳤습니다.
그런데 늑대가 사라지자 옐로스톤의 생태계는 오히려
황폐해졌어요. 대형 사슴인 엘크 때문이었죠. 천적인
늑대가 사라진 덕분에 엘크가 엄청나게 늘어나면서 숲의
나무와 풀을 마구 먹어 치운 겁니다. 엘크의 수를 적절히
조절해 주는 늑대라는 포식자의 존재가 생태계의 균형을
유지하는 데 꼭 필요했던 거예요.
결국 미국 정부는 1995년부터 늑대를 다시
들여왔습니다. 늑대는 빠르게 늘었고, 엘크는 빠르게
줄어들었습니다. 그 결과 풀과 나무가 다시 살아나기

시작했어요. 초지와 숲이 회복되면서 다양한
동식물이 돌아왔고, 생태계 전체가 훨씬 건강하고
풍요로워졌습니다.

MC 인간 생태계에서 어느 한 종도 함부로 없애선 안 된다는
교훈을 잘 보여 주는 사례군요. 그렇다면 국제적으로도
멸종을 막고 생물 다양성을 지키기 위한 노력이
이어지고 있을 텐데요, 관련된 국제 협약이 있나요?

호랑이 물론입니다. 가장 대표적인 것이 '생물 다양성
협약(CBD)'이에요. 전 세계 차원에서 생물 다양성을
보전하고 생물 자원을 지속 가능하게 이용하는 것을
목표로 하고 있죠. 이 협약은 1993년 12월에 발효됐고,
한국은 1994년에 가입했어요. 현재 가입국은 200여
나라에 이릅니다.

또 하나 중요한 협약은 1973년에 맺어진
'멸종위기에 처한 야생동식물종의 국제거래에 관한
협약(CITES)'입니다. 멸종위기에 처한 야생 동식물을
보호하기 위해 국제 교역을 제한하는 것이 핵심
내용이죠. 180여 개 나라가 가입했고, 한국은 1993년에
가입했어요. 약 5,000종의 동물과 2만 8,000여 종의
식물이 이 협약에 따라 보호받고 있습니다.

어쩌면 인간도 멸종할지 몰라

MC 인간   벌써 시간이 많이 흘렀네요, 정말 궁금한 질문이 하나 남았습니다. 호랑이가 동물의 왕이라 불리듯이 인간은 만물의 영장이라 불리잖아요. 그렇다면 인간도 언젠가는 멸종할 수 있을까요?

호랑이   그 잘난 인간들도 자기들 멸종만큼은 걱정이 되는 모양이군요. 인간 여러분에게 과거에 있었던 다섯 번의 대멸종을 겸허하게 돌아보라고 말하고 싶습니다.

이 다섯 번의 대멸종에는 한 가지 중요한 공통점이 있어요. 대멸종이 일어날 때마다 생태계의 최상위에 있던 가장 강력한 생물종은 예외 없이 사라졌습니다. 공룡이 그 대표적인 사례죠.

그 이유는 분명합니다. 생태계의 꼭대기에 있는 생물종일수록 생존에 더 많은 에너지가 필요하기 때문입니다. 막대한 에너지를 바탕으로 점점 강해지고 몸집도 커지면서 생태계의 최상위에 오를 수 있었지만, 역설적으로 그만큼 환경 변화에 유연하게 대응하기는 어려웠습니다. 그 결과 급격한 환경 변화가 닥치면 빠르게 적응하지 못하고 멸종에 이르게 된 거예요.

그렇다면 지금 지구 생태계의 최상위에 있는 생물종은 누구일까요? 바로 인간 여러분입니다. 이 사실이 무엇을 의미하는지 곰곰이 생각해 보기를 바랍니다.

MC 인간 결국 우리 인간 역시 멸종의 가능성에서 자유롭지 않다는 이야기군요. 대멸종의 원인을 만든 존재가 그 멸종의 대상이 될 수 있다니, 인간이 저지른 환경 파괴가 부메랑처럼 다시 인간에게 돌아오는 셈이네요. 더 늦기 전에 정신을 바짝 차려야겠습니다.

이제 인터뷰를 마무리하겠습니다. 마지막으로 꼭 전하고 싶은 말이 있다면 해주시죠.

호랑이 인간 여러분, 이 세상에서 인간이라는 종만 사라지면 지구를 비롯한 다른 모든 생물이 평안해질 것이라는 자연의 목소리에 귀를 기울이길 바랍니다. 인간 역시 자연과 생명 세계의 일부라는 사실을 겸허히 받아들이세요.

다시 한번 강조합니다. 자연이 병들고 동식물들이 죽어 나가면 인간도 그렇게 될 수밖에 없어요. 반대로 자연이 건강하고 동식물이 번창할 때 인간 역시 함께 번영할 수 있습니다. 부디 이 사실을 잊지 마세요. 스스로의 멸종을 피하기 위해서라도 말입니다.

MC 인간　　호랑이도 멸종위기에 놓인 처지인데 우리 인간의 미래를 걱정해 주셔서 진심으로 고맙습니다. 한때 산군으로 한반도를 호령했던 호랑이가 완전히 사라지지 않도록 우리도 최선을 다해 돕고 응원하겠습니다. 수고 많으셨습니다.

열대우림은 생물 다양성의 보물 창고라고 불릴 만큼 수많은 생명체가 살아가는 공간이야. 면적으로 따져 보면 지구 전체 육지의 약 6퍼센트에 불과하지만, 그 안에는 지구 생명체 종의 절반가량이 서식하고 있을 정도로 생태학적 가치가 엄청나지. 현재 지구에는 3대 열대우림이 있어. 남아메리카 대륙의 아마존강 유역, 동남아시아 인도네시아 일대의 거대한 섬 지역, 그리고 아프리카 중부에 펼쳐진 콩고 분지가 있어. 그런데 문제는 이 열대우림들이 해마다 점점 더 빠른 속도로 파괴되고 있고, 그 원인이 우리의 소비 생활과 밀접하게 연결돼 있다는 점이야.

먼저 인도네시아 열대우림은 팜유 생산을 위한 대규모 농장 개발로 급속히 사라지고 있어. 특히 비용과 시간을 아끼기 위해 숲에 불을 지르는 방식이 흔히 사용돼.

팜유는 기름야자나무 열매에서 얻는 식물성 기름으로 라면, 과자, 초콜릿 같은 가공식품은 물론 샴푸, 비누, 화장품, 의약품, 산업용품 등 매우 다양한 제품에 쓰여. 오늘날 우리가 먹는 가공식품 대부분에 팜유가 들어 있다고 해도 과언이 아니지.

그런데 이 열대우림은 오랑우탄의 집단 서식지야. 팜유 농장 개발과 그로 인한 서식지 파괴가 이어지면서 오랑우탄은 현재 '심각한 멸종위기종'으로 분류되고 있어.

아마존 열대우림 역시 아주 빠른 속도로 파괴되고 있어. 가장 큰 원인으로 손꼽히는 건 소고기 생산을 위한 무분별한 소 방목지 개발이야. 숲을 밀어내고 넓은 초지를 만들어 소를 키우는 방식이 반복되면서, 한때 울창했던 숲이 점점 사라지고 있는 거지.

여기에 더해 과도한 벌목, 광물과 석유 같은 자원 개발, 도로와 산업시설 건설, 도시 확장 같은 여러 요인이 복합적으로 얽혀 열대우림 파괴를 부추기고 있어. 특히 전 세계적으로 소고기 소비가 증가한 점이 결정적인 역할을 하고 있어. 그 결과 '지구의 허파'라 불리는 세계 최대의 열대우림이 점점 무너져 내리고 있는 상황이야.

아프리카 중부의 콩고 분지가 파괴되는 이유는 이 지역에 세계 매장량의 약 70~80퍼센트나 묻혀 있는 콜탄이라는 광물 자원 때문이야. 콜탄에 들어 있는 탄탈럼이라는 물질은 독특한 성질을 지녀서 스마트폰, 컴퓨터, 자동차와 비행기의 전자 장비 등 현대인의 필수품을 만드는 데 널리 사용돼.

이런 제품들에 대한 수요가 급증하면서 콩고 분지 일대에는 콜탄 광산 개발 붐이 일어났고, 그 과정에서 열대우림이 급속히

망가졌어. 더 큰 문제는 이곳이 심각한 멸종위기종인 고릴라의
마지막 남은 야생 서식지라는 사실이야.

이 세 이야기가 전하는 결론이 뭔지 알겠지? 라면과 과자와
소고기를 먹고, 스마트폰이나 컴퓨터를 사용하는 우리의
일상적인 행동 하나하나가 멸종위기에 처한 동물들의 운명과
직접적으로 연결돼 있다는 점이야. 저 멀리 떨어진 밀림에서
벌어지는 일은 결코 나와 관계없는 일이 아니야. 이는 곧 멸종을
막고 생물 다양성을 지키는 일에 우리 각자가 크든 작든 참여할
수 있다는 뜻이기도 해.

참고자료

김도희, 《정상동물》, 은행나무, 2023

김성호, 《생명을 보는 마음》, 풀빛, 2020

김성호, 《생물다양성 쫌 아는 10대》, 풀빛, 2024

남종영, 《동물권력》, 북트리거, 2022

남종영, 《안녕하세요, 비인간동물님들!》, 북트리거, 2022

노정래, 《동물원에 동물이 없다면》, 다른, 2019

데이비드 보이드, 이지원 옮김, 《자연의 권리》, 교유서가, 2020

로브 레이들로, 박성실 옮김, 《동물원 동물은 행복할까?》, 책공장더불어, 2012

마사 C. 누스바움, 이영래 옮김, 《동물을 위한 정의》, 알레, 2023

마크 롤랜즈, 윤영삼 옮김, 《동물도 우리처럼》, 달팽이출판, 2018

마크 베코프, 윤성호 옮김, 《동물권리선언》, 미래의창, 2011

마크 짐머 엮음, 전방욱 옮김, 《생명공학의 최전선》, 이상북스, 2024

브라이언 페이건, 김정은 옮김, 《위대한 공존》, 반니, 2016

이유미, 《10대와 통하는 동물 권리 이야기》, 철수와영희, 2017

이정모, 《찬란한 멸종》, 다산북스, 2024

이항 외, 《동물이 건강해야 나도 건강하다고요?》, 휴머니스트, 2021

장 뤽 포르케, 장한라 옮김, 《동물들의 위대한 법정》, 서해문집, 2022

장성익, 《생명 윤리 논쟁》, 풀빛, 2014

장성익, 《과학이 해결해주지 않아》, 풀빛미디어, 2016

장성익, 《생각이 크는 인문학 23 : 동물권》, 을파소, 2023

전채은, 《왜 동물원이 문제일까?》, 반니, 2019

전채은 외, 《동물실험, 무엇이 문제일까?》, 동아엠앤비, 2022

최훈, 《동물 윤리 대논쟁》, 사월의책, 2019

피터 싱어, 김성한 옮김, 《동물해방》, 연암서가, 2012

칼 사피나, 김병화 옮김, 《소리와 몸짓》, 돌베개, 2017

한준호 외, 《생태시민을 위한 동물지리와 환경 이야기》, 롤러코스터, 2024

헨리 스티븐스 솔트, 임경민 옮김, 《Animals' Rights 동물의 권리》, 지에이소프트, 2017

홍은전, 《나는 동물》, 봄날의책, 2023

동물이 말할 수 있다면
농장동물부터 실험동물까지,
생태 감수성을 깨우는 매운맛 인터뷰

초판 1쇄　2026년 2월 22일

지은이　장성익

펴낸이　김한청
기획편집　원경은 차언조 양선화 양희우 장민기
마케팅　정원식 이진범
디자인　이성아 황보유진
운영　설채린

펴낸곳 도서출판 다른
출판등록 2004년 9월 2일 제2013-000194호
주소 서울시 마포구 동교로 27길 3-10 희경빌딩 4층
전화 02-3143-6478　**팩스** 02-3143-6479　**이메일** khc15968@hanmail.net
블로그 blog.naver.com/darun_pub　**인스타그램** @darunpublishers

ISBN 979-11-5633-754-6 43300

다른 생각이
다른 세상을 만듭니다